성격강도에 기초한

긍정적 심리치료

이현수 저

PERSONALITY STRENGTH
BASED POSITIVE PSYCHOTHERAPY

학지사

우리는 가치를 탐색하는 것을
치료라고 부른다.

Abraham Maslow(1908~1970)

- 미국의 심리학자 -

[머리말]

건전한 이론은 실용화가 보장된다. 영국의 물리학자 Michael Faraday(1791~1867)의 전자기유도법칙(1831)은 미국의 발명가 Thomas Edison(1847~1931)의 백열등 발명(1879)으로 이어졌다. 미국의 심리학자 Martin Seligman(1942~   )의 긍정적 심리학(1998)은 Martin Seligman, Tayyab Rashid 그리고 Acacia Park의 긍정적 심리치료(2006)의 기술로 발전되었다.

이렇게 건전한 과학의 이론은 실용화된다. 이론이 실용화되기까지는 많은 시간과 노력을 필요로 한다. Faraday의 법칙이 Edison의 백열등 발명으로 이어지는데 48년이 걸렸다. Seligman의 이론체계가 심리치료의 기술로 발전되는데도 10년 가까이 걸렸다. 이러한 사실을 보더라도 이론이 실용화되는 것은 쉽지 않다는 것을 알 수 있다.

일반적으로 사람들은 심리적 고통을 받을 때마다 다른 사람들의 도움을 받고 싶어 한다. 이와 같은 사람들에게 도움을 준 사람은 역사책에 많이 수록되어 있다. 그들 가운데 몇 사람을 예로 든다면 Sigmund Freud(1856~1939), Alfred Adler(1870~1937), Carl Jung(1875~1961), Carl Rogers(1902~1987), Joseph Wolpe(1915~1997), Hans Eysenck(1916~1997) 그리고 Aaron Beck(1921~) 등이다. 보다 깊은 뿌리는 19세기 페르시아의 의사이자 심리학자인 Zakariya Rhazes(865~925 AD)이다.

전문가의 도움으로 심리적 고통에서 벗어나 기뻐하는 사람이 많이 있다. 그러나 그들의 기쁨은 치료에 대한 불만으로 이어지는 사례가 많다. 그들은 치료자로부터 어떤 행복감도, 웰빙 감각도 받지 못했다고 불평한다. 이들의 불평은 근거 없는 단순한 넋두리가 아니다.

전통적 정신치료자는 환자 혹은 내담자의 부정적 증후가 치료되고 심리적 안정이 회복되었다고 판단되면 그에게 정상적 사회생활로 복귀할 것을 생각해 보게 한다. 하지만 그는 치료자의 제안에 동의하지 않는다. 왜냐하면 치료자로부터 자기가 기대했을 도움의 반밖에 얻지 못했다고 생각하기 때문이다. 그는 치료자를 통해 자신의 부적응 증후는 깨끗이 치료되고 더 나아가서는 자신의 웰빙 수준이 크게 향상되기를 기대했다.

이와 같은 환자 혹은 내담자의 기대감은 전통적 정신치료자로부터 충족시킬 수 없다. 이것이 현실이다. 전통적 정신치료자는 65%의 치료 장벽을 넘지 못하고 있다. 이러한 상황인데 그들이 어떻게 환자 혹은 내담자의 기대감을 충족시켜 줄 수 있겠는가!

치료자를 통해 자신의 기대감을 충족시키려고 하는 사람에게는 현대 전문지식체계를 갖춘 전문가의 조언이 필요하다. 그 가운데

하나가 긍정적 심리학자이다. 긍정적 심리학자는 환자 혹은 내담
자의 부정적 증후를 치유하고 손상된 심리적 안정을 회복시키는
것은 물론 그의 선천적 성격강도를 발견하고 신장시키는 데 역점
을 둔다. 이것을 위해 긍정적 심리치료의 기술을 활용한다.

전통적 정신치료자는 많은 사람에게 도움을 주었다. 하지만 수
혜자들은 치료 효과에 만족하지 못한다. 전문가들 사이에도 치료
효과에 대한 논쟁은 끊이지 않은 것이 사실이다. 오스트리아의 의
사이자 정신분석자인 Wilhelm Reich(1897~1957)의 헌신적 노력으
로 정신치료는 과학의 우산 속에 들어오기는 했지만 발전하는 과
학과의 경쟁에서 선두를 걷지는 못했다.

'도도새의 재판'은 영국의 작가인 Lewis Carroll(1832~1898)의
역작소설 『이상한 나라의 앨리스』(1865)에 소개된 일화에 지나지
않지만 정신치료자에게 큰 감흥을 일으킨 사건이다. 내용은 이렇
다. 재판관이 한 무리의 도도새를 경쟁시키고 그 결과를 발표하
였는데, 모든 도도새는 기능이 우수하기 때문에 모두가 상을 받을
만하다고 판정을 내렸다.

이와 같은 일화적 사건을 내세워 워싱턴 대학교의 심리학 교수
인 Saul Rosenzweig(1907~2004)는 모든 사람에게는 공통되는 특
성이 있다. 그러므로 심리학자의 치료 효과는 믿음직하다고 주장
하고 그들의 치료 효과도 100% 보상되어야 한다고 주장하였다.

이 주장과는 달리 정신치료의 비효율성, 더 나아가서는 그 무용
론을 주장하는 논쟁이 대두되었다. 런던 대학교의 심리학 교수인
Hans Eysenck를 중심으로 한 모슬리학파의 정신과 의사와 심리

학자들은 "정신치료나 절충적 치료는 정신적 문제해결에 도움이 되지 못한다. 경우에 따라서는 환자의 상태를 악화시키는 수가 있다. 정신치료의 치료 효과는 플라세보 효과보다 훨씬 낮다."고 정신치료의 효과를 부정적으로 평가하였다.

이와 같은 주장의 타당성은 객관성이 보장된 경험적 자료에 의해 입증되었다는 점에 관심을 가질 필요가 있다. 브리검영 대학교의 심리학 교수인 Michael Lambert는 2007년 심리치료학회장 연설에서 "과거 10년 동안 우리는 환자 치료에 얼마나 많은 공을 들였는데 무엇을 얻을 수 있었는가?"라고 주장하였다. 그리고 "정신치료를 통해 환자는 어떤 도움도 받지 못했다. 치료받는 환자의 5~10%는 치료 과정에서 상태가 크게 악화되었다."고 대답하였다.

치료자는 치료 효과의 65%라는 벽에 부닥치고 만다. 이 치료 효과는 감기 환자 치료에서도 크게 다르지 않다. 실제 치료 효과가 낮다는 사실이 입증된 셈이다. 더욱 놀라운 사실은 65%의 치료 장벽에서도 45~50%의 플라세보 효과가 포함되어 있다는 것에 관심을 가질 필요가 있다.

이 책은 크게 3부로 구성되어 있다. 제1부에서는 긍정적 심리치료의 이론적 기초를 다루었고, 제2부에서는 긍정적 심리치료의 과정과 방법을 다루었다. 제3부는 긍정적 심리치료의 자기 시연을 기도하는 독자를 위해 썼다. 여기에는 13개의 세션이 소개되었는데 이는 웰빙 수준의 향상, 심리적 고통으로부터의 해방에 필요한 주제들이다. 독자의 기호에 따라 자유롭게 선택해서 시연할 수 있다.

‘부록’에 소개된 마음챙김훈련과 긴장이완훈련은 시연에 들어가기
전에 거쳐야 할 필수과정임을 밝힌다.

　이 책에서 다루고 있는 긍정적 심리치료는 신생과학의 영역으로
우리에게 매우 생소할 수밖에 없다. 어려운 환경에서 출판을 맡아
준 출판사 학지사 김진환 사장에게 깊은 감사의 뜻을 전한다.

2021. 5.

저자

[차례]

제1부
긍정적 심리치료: 이론과 기초

03　긍정적 심리치료: 그 과정과 시연　61

04　긍정적 심리조정　73

제1부

긍정적 심리치료: 이론과 기초

01
심리치료에서 긍정적 심리치료로

● ● ●
심리치료

　우리의 생활은 근심 걱정 없는 편안한 것만은 아니다. 나 자신이 예기치 못한 일에 직면할 수도 있고, 잘 풀리던 일이 어렵게 되는 수도 있다. 이러한 상황에 처하게 되었을 때는 주위 사람들의 도움을 받을 수밖에 없다. 도움을 줄 사람을 찾아가 도움을 청하고 그로부터 유익한 도움을 받는다. 이것이 곧 심리치료이다. 불치병을 가진 사람만이 도움을 청하는 것이 아니다. 흔히 일어나는 크고 작은 일로 다른 사람의 도움이 필요한 사람에게 도움을 주는 것이 심리치료이다.

　자신이 직면한 문제를 해결하기 위해 다른 사람으로부터 여러 가지 도움을 받는다. 그 가운데 하나가 심리치료이다. 심리치료의

역사는 매우 길다. 심리치료의 기원은 9세기 중동 페르시아의 의
사이며 심리학자인 Zakariya Rhazes에서 시작되었다. 18세기 초
까지 서양에서는 정신장애치료를 위해 환자를 감금하고 형벌하는
방법을 썼다.

이와 같은 비인도적 정신장애치료의 대안으로 등장한 것이 도
덕치료이다. 즉, 비과학적 정신치료의 대안으로 도덕치료가 등장
하였다. 이 치료법이 소개되면서 정신장애에 대한 치료는 새로운
방법을 갖게 되었다. 그것이 19세기 초기에 등장한 골상학을 기초
로 한 정신치료이다. 이 치료를 주동한 것이 정신과 의사와 심리
학자였다. 이들은 정도가 심한 정신장애보다는 비교적 가벼운 문
제를 가진 사람들에 대한 치료에 관심을 가졌다.

19세기 말 오스트리아의 정신의학자인 Sigmund Freud가 비엔
나에서 대화치료를 시작하였는데 이것이 과학적 심리치료의 효시
이고, 그것은 상당 기간 세계적으로 널리 전파되었다. 같은 시기
에 미국 펜실베이니아 대학교에서도 학습장애아동을 대상으로 한
심리치료를 시작하였다. 당시 심리학자들에게는 환자에 대한 심
리학적 평가업무만 주어졌는데, 그것은 제2차 세계대전 후에 크게
달라졌다.

무엇보다도 심리학자들은 정신과 의사와 공동으로 환자치료에
참여하게 되었다는 점이 특기할 만하다. 당시에 심리치료는 Freud
의 대화치료에 기초한 정신분석치료가 큰 비중을 차지하였다. 오
스트리아의 정신의학자인 Alfred Adler와 스위스의 정신과 의사인
Carl Jung은 심리적 기능과 그 변화에 대한 새로운 개념을 도입하

였다. 이를 바탕으로 정신역동적 치료가 등장하였고, 이는 Freud 의 무의식의 기능을 크게 강조하는 것이 특징이었다.

1920년 행동주의심리학의 등장으로 심리치료의 세계는 큰 변화에 직면하였다. 이 변화는 1950년대까지 지속되었다. 행동주의심리학은 오퍼런트 조건화, 고전적 조건화 그리고 학습이론을 기초로 하였다. 이에 크게 공헌한 사람으로 남아프리카 공화국 출생의 미국 정신의학자인 Joseph Wolpe, 독일 출생의 영국 심리학자인 Hans Eysenck, 미국 심리학자인 Burrhus Frederic Skinner(1904~ 1990) 등을 들 수 있다. 행동주의자들은 내면적 정신활동의 기능을 과소평가하였기 때문에 전통적 정신치료는 크게 발전하지 못했다.

1950년대에 행동주의심리학과 주장을 달리하는 인지주의심리학과 인본주의 치료가 발달하였다. 인본주의심리학 운동은 미국 심리학자인 Rollo May(1909~1994)와 오스트리아 정신의학자인 Viktor Frankl(1905~1997) 그리고 미국 심리학자인 Carl Rogers 등에 의해 크게 발전하였다. 그들은 인간 중심 심리학을 기초로 하고 있고 인간의 무의식의 세계보다도 지지, 순수, 동정적 활동에 역점을 두었다.

1950년대에 미국 심리학자인 Albert Ellis(1913~2007)는 최초의 인지행동치료의 기반인 합리적 정서행동치료(Rational Emotive Behavior Therapy: REBT)를, Aaron Beck은 인지치료(Cognitive Therapy: CT)를 발전시켰다. 이 두 가지 치료는 정신역동치료나 인본주의치료와는 달리 통찰에 역점을 둔 치료체계이다.

1970년대에는 인지접근법과 행동접근법이 결합되어 인지행동 치료(Cognitive Behavior Therapy: CBT)가 탄생하였다. 이들은 증후 치료보다 개인의 핵심적 신념 변화에 역점을 둔 것으로 여러 가지 장애의 일차적 치료의 기법으로 널리 수용되었다. 1970년대 이래 두 가지 새로운 심리치료의 기법이 도입되었다. 하나는 '체계치료'로서 이는 가족과 집단역동에 역점을 둔다. 다른 하나는 초개인적 심리학이다. 이는 인간 경험의 정신적 측면에 역점을 둔 것으로 초감각적 지각을 중시한다. 그 후 여권주의 치료, 신체심리학 그리고 응용 긍정적 심리학이 발달하였다. 이 시기에 일본에서는 사회적 기능을 통합한 카운슬링 방법이 개발되었고, 인도에서는 전통적인 형이상학과 서양의 방법을 통합한 시연법이 개발되었다.

1993년 이후 미국심리학회 12분과회는 특수장애 치료를 위한 틀을 발표하였다. 12분과회는 무작위법과 타당성이 입증된 평가를 기초로 한 기준을 마련하였다. 여기서 인지행동치료와 심리적 장애치료는 다른 치료 기술보다 높이 평가되었다. 이를 계기로 임상과학자와 시연자는 근거에 기초한 시연을 강조하였다. 대학원에서는 심리치료에 대한 경험적 연구에 역점을 두었다. 특히 인지행동치료에 대한 관심은 크게 늘었다.

✱ 심리치료의 대상

심리치료의 대상은 다양한 정신적 장애는 물론 신체적 장애까지 매우 다양하다. 우리가 일상에서 흔히 겪는 권태, 의욕상실, 가정

불화, 업무기능 저하 등은 물론 불안장애(강박증, 공포증, 공황증, 외상 후 스트레스장애), 기분장애(우울증, 양극성장애), 중독(알코올, 약물중독, 강박적 도박), 섭식장애(식이장애), 성격장애(경계선급 장애, 정신분열증 등), 신체적 건강문제(당뇨, 암, 동통), 성문제(신체적, 심리적), 수면장애, 주요생활문제(이혼, 부모-자녀 갈등), 불건전한 사회적 행동(대인관계, 직무수행) 등을 심리치료의 대상으로 하였다.

심리치료자가 선호하는 치료방법은 자신의 교육 배경, 일상 경험에 따라 자유롭게 선택한다. 정신분석, 정신역동치료, 실존치료, 카운슬링, 인지치료, 인지행동치료, 인본주의치료 등이 널리 알려진 심리치료의 일부 기술이다.

✴ 심리치료의 효과

전문가의 치료를 받은 사람의 반응도 매우 다양하다. 치료에 만족하는 사람이 있는가 하면 치료 효과에 불만을 표시하는 사람도 있다. 치료를 받은 사람이 모두 만족할 수도 없고, 모두 불만을 토로할 수도 없다.

1970년대에 들어와서 심리치료의 효과에 대한 논쟁이 시작되어 오늘에까지 이어지고 있다. 내담자 혹은 환자는 자신이 심리치료에 의해 증후에서 해방된 것을 크게 기뻐한다. 하지만 불행하게도 그의 기쁨은 잠시이고 치료자에 대한 불만으로 이어진다. 무엇보다도 치료자가 자신을 증후에서 해방시켜 준 것은 부인하지 않으나 자신의 행복과 웰빙 수준의 향상에는 큰 도움을 주지 못했다고 불평한다. 환자는 치료자가 자신의 증후를 치료해 주는 것은 물론 자신을 보다 행복하게 해 주기를 바란다. 이 두 가지를 성취하지 못했기 때문에 환자는 심리치료자에 대한 불만이 커진 것이다.

　심리치료의 효과를 높이 평가하는 사람이 있는가 하면 비효율성을 주장하는 사람도 많다. 그들의 주장은 의미 없는 불평이 아니며 객관적 사실을 바탕으로 한다. 즉, 신경증 환자의 경우 치료자의 치료를 받기 위해 기다리는 동안에 아무런 처치를 하지 않아도 2년이 지나면 건강이 회복되어 사회생활이 가능해진다. 치료를 받는 과정에 치료를 포기하는 사람이 너무 많고 증후가 악화되거나 치료를 받고 몇 해가 지나면 증후가 재발하는 사례가 많다. 근래에 고급통계법을 사용한 치료 효과의 분석에서 정신치료의 효과는 65%의 장벽을 넘지 못한다는 사실이 밝혀졌다.

　이와 같은 이유 있는 불평을 받아들인 심리학자들이 심리치료의 가치를 재평가하기에 이르렀다. 이들은 전통적 심리치료의 기술을 보강하여 새로운 심리치료의 기술을 개발하였는데 그 가운데 하나가 곧 긍정적 심리치료(Positive Psychotherapy: PPT)이다.

● ● ● ● ● ● ●
긍정적 심리치료

　긍정적 심리치료는 긍정적 심리학(Positive Psychology: PP)을 기초로 개인의 부정적 행동 및 증후는 경감시키고 긍정적 웰빙 수준을 신장시키는 치료 기술이다. 이는 또 개인, 사회, 공동체의 번창을 위한 조건과 환경을 조정하는 기술이다.

긍정적 심리치료의 역사는 짧지만 그들의 주장은 경험적 자료에 의해 그 타당성이 입증되었다. Donaldson 등(2015)의 자료에 의하면 그들은 1999년부터 2013년까지 10여 년에 발표된 1,336편 가운데 750편의 논문이 긍정적 심리학의 이론이 타당하고 그것을 바탕으로 수행된 논문이 모두 긍정적 지지를 받고 있다는 점을 주장하였다.

긍정적 심리치료는 질병의 증후와 성격강도, 위험과 자원, 취약성과 가치 그리고 실망과 희망을 균형 있게 융화시키는 데 역점을 둔다. 또 치료 과정에서는 환자의 심리적 손상을 최소화하고 그의 고통을 성공적으로 경감시켜 그의 성장을 촉진시키는 데 역점을 둔다.

긍정적 심리치료는 전통적 심리치료와 차별화되는 치료 기술도 아니고 그것을 대치하는 새롭고 신기한 치료 기술도 아니다. 치료자들은 전통적 치료자들이 치료 과정에서 간과한 환자에 대한 정보를 얻는 데 역점을 둔다(Duckworth et al., 2005). 전통적 심리치료자들과는 달리 긍정적 심리치료자들은 내담자의 긍정적 행동특성을 찾아 그것을 보다 건전하게 신장시키는 데 역점을 둔다. 그렇다고 그들의 부정적 행동 특성을 과소평가하거나 외면하지도 않는다. 그것보다도 그들이 가지는 두 가지 행동 특성의 균형을 유지할 수 있게 도움을 준다.

긍정적 심리치료의 대상은 매우 다양하다. 긍정적 · 부정적 심리적 문제는 물론 노인병, 천식 등 신체적 질병의 치료와 그들의 웰빙 향상에도 큰 관심을 가질 뿐 아니라 실제 큰 치료 효과를 얻고 있다(Wampold, 2007).

긍정적 심리치료의 일차적 대상은 심리적 장애, 우울증, 정신분열증, 외상 후 스트레스장애이고 이들에 대한 치료에서 큰 효과를 얻고 있다(Barlow, 2008).

긍정적 심리치료의 신빙도는 높게 평가되고 있다. 이 신빙도는 매우 광범위한 자료와 다양한 통계적 방법에 의해 입증되었다. 무엇보다도 경험적 자료에 의해 그 신빙도가 입증되었다는 점이 다른 치료 기술과 크게 다르다.

최초의 신빙도는 개별치료 자료에 의해 입증되었다(Seligman, Steen, Park, & Peterson, 2005). 긍정적 심리치료 매뉴얼이 출간되면서 긍정적 심리치료의 신빙도는 굳게 자리를 잡았다고 볼 수 있다(Rashid & Seligman, 2018). 보다 구체적인 정보는 〈표 1-1〉에서 얻을 수 있다.

〈표 1-1〉에 소개된 자료는 국제적으로 다양한 연구자의 연구 결과이고, 이 연구에 사용된 임상집단도 매우 다양하다. 우울증, 불안, 경계선급 성격장애, 정신병 그리고 니코틴 의존자 등을 대상으로 한 치료 결과가 소개되어 있다. 대부분의 연구는 집단을 대상으로 하고 있다. 이 표에 소개된 치료 대상은 캐나다, 칠레, 프랑스, 스페인, 이란, 미국의 종합병원 외래환자, 보건소에서 치료를 받고 있는 사람들이다.

긍정적 심리치료의 결과를 보면 치료를 받은 환자 가운데서 우울증은 경감되고 웰빙 수준은 통제집단에 비해 현저하게 신장되었다는 점을 알 수 있다. 다른 심리치료, 예를 들면 인지행동치료

〈표 1-1〉 긍정적 심리치료 효과의 신빙도와 요약

● 랜덤화 통제 실험

연구자 및 출처 (*)	표집	결과 측정	주요 발견
(1)	개별PPT(n=11) 12~14세션 MDD (**) TAU(n=9), TAUMED(n=12) 대학생, 대학상담실 치료자	우울증(ZDRS, Hamilton) (***) 정신장애(OQ-45) 생활만족(SWLS) 웰빙(PPT1)	우울증 PPT 후 < TAU ZDRS, Hamilton d=1.12, 1.14 PPT < TAUMED ZDRS d=1.12 전체 정신적 장애 OQ-15 d=1.13 웰빙 PPT 후 PT > TAU TAUMED(d=1.26, 1.03)
(2)	개개인(n=52) 6회 PPT 통제군(n=69)	우울증(CESD) 생활만족(SWLS) 긍정적, 부정적 감정(PANAS)	우울증 후(CESD d=0.21 6개월 추적) PPT 후 긍정적, 부정적 감정 3, 6개월 추적 (d=0.16, 0.33 > 0.55)
(3)	12개월 간 집단 PPT(n=9) MDD, CBT 통제로 12개월 병원치료	우울증(SCID, BDI-II) 행복감(OH) 생활만족 심리적 웰빙(SWS)	행복 후 PPT > CBT(OTH d=1.86) 두 측정적 결과 차이 없음

(4)	집단 PPT(n=16) (두 시간씩 16주간) 통제집단(n=18) 마주음에 미치는 긍정적 정동의 영향	긍정적, 부정적 감정(PANAS) 부정적	우울증 PPT < 6주간 통제(d=0.21) 긍정적, 부정적 정동 PPT > 통제 치료 후 3, 6개월 추적(d=0.16, 0.33, 0.55)
(5)	집단PPT(n=9) 6세션 6~7등급 학생 통제집단(n=9) 중학생	사회적 수권(SSRS) 자기만족(SLSS) 웰빙(PPT 1-c-c) 우울증(CDI)	PPT 후 > 사회적 수권 (SSRS, d=1.88, PPTI-c, d=0.90)
(6)	집단 PPT(n=9) 6세션 정신치료 희망자 통제집단(n=8)	우울증(CESD) 웰빙(PPTI)	우울증 후(CESD d=0.84 치료 효과 1년 이상 지속) 비치료 통제집단의 우울증 감소 비율 45%
(7)	집단 WELLFOUS PPT(n=43) 11주 vs TAU(n=41), 성인정신평가자와 비교	웰빙(WEMWBS) 정신의학적 평가 우울증 척도 행복척도 PPTI	WEMWBS(d=0.42) 우울증(d=0.38) 긍정적 심리치료평가(d=0.30) 2차 분석결과 중후 경감(d=0.43) 우울증(d=0.41) SDHS 우울증

(8)	집단 PPT(n=27) 행동치료(n=27) 우울증 성격장애 대하보건소	우울증(SCID) 정신병 증후(SCL-90) 정서조정(DER) 불쾌감내(DTS) 마음챙김(KIMS) 웰빙(PPTI) 생활만족(SWLS) 극복제략(WOCCL) 진근 검사(PPTI PPT)	PPT와 행동치료 PPT전후의 조직 평균효과크기 d=0.60, d=0.78
(9)	가벼운 우울증 호소 여인 36명 통제집단(n=18) 치료집단(n=18) 이란 암환자 21명에게 PPT 실시 통제집단(n=21) PPT 환자 5명 중 통제집단 4명은 검사중단	우울증(BDI-II) 생활만족(SWLS) 치료 전에 자료수립 10주 후 우울증 (BDI-II) 옥스퍼드 행복검사	치료집단의 생활만족 22.66에서 26.13으로 증가(P<0.001) 우울증 후, PPT > 통제(BDI-II, d=1.13) 후 행복 PPT > 통제 옥스퍼드 행복검사(Oxford Happiness Inventory d=1.83)
(10)	정신치료소 MDD 환자 82명 SYTL에게 CBT(n=40), TAU(n=42) 검사 실시 TAU CBT 지지치료, 내담자중심치료, 정신역동치료	우울증 SCID 우울증 검사-II(BDI-II) 해밀턴평가척도(HRS-D) Mongomery-Asberg Depression Rating Scale(MADRS)	ITT 분석자 시간 1,23 BDI-II, HAM-D, MADRS, 집단간 변량분석에서 의미 있는 시간 효과가 있음

(11)	집단 PPT(n=44) 우울증환자(n=44) 2시간씩 14주 치료	SCID 우울증(BDI-II, MADS) PPTI SWLS BWI	PPT는 다른 CBT보다 나은 결과 효과의 크기는 우울증(n=0.82), MADS(d=0.33), PPTI(d=0.58), SWLS(d=0.85), BSICD(d=0.05)
(12)	부산대 학생을 무작위로 세 집단으로 분류 수정 개인(PPIM, n=8) 신경피드백(NFB, n=8) 통제(n=8)	몰두척도(FS) 사회적 웰빙, 긍정·부정 경험(SPANE) 으로 주관적 감정 평가	PPTM과 NFB는 심리적 웰빙(FS), 긍정·부정 경험(SPANE) 수준 증대(d=1.08) PPTM에 비해 심리사회적 웰빙보다 현저하히 증 가 d=1.36
(13)	126명의 유방암 회복 환자를 긍정적 암 심리치료(PPC n=73), 암치료 대기자(n=53)로 할당 PPC 12세션	MADS, PCL-C 생활사건 검사	PPC 집단은 치료 후 상태가 호전 불배감, 외상 후 증후 검사 PTG의 경감 최근 결과는 12개월 지속
(14)	집단 PPT(n=11) 관계 개선	BAI, PSS, DAS	PPT 후 < BAI n=1.48, PSS d=1.22 DAS
(15)	집단 PPT(n=10) 우울증 환자 9세션 치료 행동치료(n=10)와 비교	BDI-H, CES-D, AHI	AHI, PPT > 행동치료(d=0.72) PPT 집단 < BDI H=0.90, CES-D d=0.93

(16)	집단 PPT(n=10) 집단 CBT와 비교 (우울증 경험)	BDI, HADS, SHS, EQ-1, SWLS, PANAS	우울증 후 PPT < CBT(d=0.66), SHS d=0.81, SWLS d=0.66, LOT-R d=1.62, EQ-1 d=1.04 병상집단보다 효과적임
(17)	집단 PPT 10세션에 6회 적용(n=16) 정신병 경험	SWS, SBI, DHS, RAS, BSI, SFS	PPT 후 < CBT BDI d=0.66, SHS d=0.81, SWLS d=0.66, LOT d=1.04 병상집단보다 치료 효과 양호
(18)	집단 PPT(n=19) 금연훈련 8세션	SCID, CES-D, FTND, PANAS	세션 참석 치료 효과 큼 특히 PPT 참석자의 치료 효과가 큼 31.6%는 금연습관 유지(6개월 간)

* 연구자 및 출처

(1) Seligman, M., Rashid, T., & Parks, A. (2006). Positive Psychotherapy. *American Psychologist, 61*, 774-788.

(2) Parks-Schneider, A. (2009). *Positive Psychology: Buildings a model of empirically supported self-help.* Doctoral dissertation, University of Pennsylvania.

(3) Asgharipoor, N., Farid, A., Arshadi, A., & Sahebi, A. (2012). A comparative study on the effectiveness of positive psychotherapy and group cognitive-behavioral therapy for the patients suffering from major depressive disorder. *Iranian Journal of Psychiatry and*

Behavioral Sciences, 6(2), 33.

(4) Lü, Y., Wang, Z., & Liu, W. (2013). A pilot study on changes of cardiac vasal tone in individuals with low trait positive affect: The effect of positive psychotherapy. *International Journal of Psychophysiology, 88*(2), 213–217.

(5) Rashid, T., Anjum, A., Lennox, C., Quinlan, D., Niemec, R., Mayerson, D., & Kazomi, F. (2013). Inc Proctor, & A. Linely (Eds.), *Research, applicatios, and interventions for children and adolescents: A positive psychology perspectives.* New York: Springer.

(6) Reinsch, C. (2014). Adding science to the mix of business and pleasure: An exploratory study of positive psychology interventions with techniques assessing employee assistance counselling. Paper presented at Canadian Counselling Psychology's Annual Convention.

(7) Schrank, B., Brownell, T., Jakaite, Z., Larkin, C., Pesora, F., Ricues, T., & Slade, M. (2016). Evolution of a positive psychology group intervention for people with psychosis: Pilot randomized controlled trail, *Epidemiology and psychiatric sciences, 25*(3), 235–246.

(8) Uliaszek, A., Rashid, T., Williams, G., & Gulamani, T. (2011). Group therapy for university students: A randomized controlled trial of dialectical behavior therapy and positive psychotherapy. *Behaviour Research and Therapy, 77,* 55–78.

(9) Dowlatabadi, M., Ahmadi, S., Sorbi, M., Beiki, O., Khademeh Razari, T., & Bidaki, R. (2016). Effectiveness of group positive psychotherapy on depression and happiness breast cancer patients: A randomized controlled trial.: A randomized controlled trial. *Electronic physician, 8*(3), 2175–2180.

(10) Carr, A., Finnegan, L., Griffin, E., Cotter, P., & Hyland, A. (2017). Causes, effects and practicalities of everyday multitasking. *Developmental Review, 35,* 64–78.

(11) Furchtlehner, L., & Laileiter, A. (2016). Comparing positive psychotherapy(PPT) and cognitive behavior therapy(CBT) in the treatment of depression: Preliminary ITT results from a RCT study: Paper presented at the 1st conference on positive psychology of DACHPP(German-language).

(12) Hwang, K., Kwon, A., & Hong, C. (2017). Preliminary study of new positive psychology intervention: Neurofeedback-Aided meditation therapy and modified positive psychotherapy. *Current Psychology, 36*(3), 683–695.

(13) Ochoo, C., Casellas-Grau, A., Vivies, J., Font, A., & Borràs, J. (2017). Positive psychotherapy for distressed cancer survivors: Post-traumatic growth facilitation reduced stress. *International Journal of Clinical and Health Psychology, 17*(1), 28–37.

(14) Goodwin, F. (2010). *Does group positive psychotherapy help improve relationship satisfaction in a stress and/or anxious population?* Paloalto University Doctor Dissertation.

(15) Cuadra-Peralta, A., Voiso-Besio, C., Perez, M., & Zúníga, M. (2010). Resultados la psicoterapia positiva en pacientes con depress.on. *Terapia Psicologia, 28*, 127-134.

(16) Bay, M. (2018). *Comparing positive psychotherapy with consentive behavioral therapy in treating depression.* Paris West Unive:sity Nanterre LA Defense.

(17) Meyer, P. S., Johnson, D., Parks, A., Iwanski, C., & Penn, D. (2012). Positive living: A pilot study of group positive psychotherapy, for people with schizophrenia. *The Journal of Positive Psychotherapy, 7*, 239-248.

(18) Kahler, C., Spillane, N., Dau, A., Cive, P., Parks, A., Levonthal, A., & Brown, R. (2015). Positive psychotherapy for smoking cess.on: A pilot randomized controlled trial. *Nicotine & Tobacco Research, 17*(11), 1385-1392.

** 주요 저치

PPT: Positive Psychotherapy

MDD: Major Depressive Disorders

SWLS: Satisfaction with Life Scale

TAU: Treatment as usual

TAUMED: Treatment as usual plus medications

CBT: Cognitive Behavior Therapy

MANOVA: Multivariate Analysis of Variance

PTG: Post-Traumatic Growth

ZDRS: Zung Depression Rating Scale

*** 주요 측정척도

Beck Depression Inventory-II (BDI-II; Beck, Steer, & Brown, 1996)

Beck Depression Inventory-II -Short Form(BDI-SF; Chibnail & Tait, 1994)

Beck Anxiety Inventory(BAI; Beck, Epstein, & Steer, 1988)

Brief Symptom Inventory(BSI; Derogatis, 1993)

Brief Psychiatric Rating Scale(BPRS; Overall & Gorham, 1962)

Center for Epidemiological Studies Depression Scale(CES-D; Radloff, 1977)

Children Depression Inventory(CDI; Kovacs, 1992)

Client Satisfaction Questionnaire(CSQ-8; Larsen, Atkinson, Hargreaves, & Nguyen, 1979)

Difficulties in Emotion Regulation Scale(DERS; Gratz & Roemer, 2004)

Distress Tolerance Scale(DTS; Simons & Gaher, 2005)

Dyadic Adjustment Scale(DAS; Spanier, 1976)

Emotional Quotient Inventory(EQ-I; Dawada & Hart, 2000)

Fagerström Test for Nicotine Dependence(FTND; Heatherton, Kozlowski, Frecker, & Fagerström, 1991)

Hamilton Rating Scale for Depression(HRSD; Hamilton, 1960)

Health fo the Nation Outcome Scale(HoNOS; Pirkins et al., 2005)

Hospital Anxiety and Depression Scale(HADS; Bjelland, Dahl, Haug, & Neckelmann, 2002)

Integrated Hope Scale(IHS; Schrank et al., 2012)

Kentucky Inventory of Mindfulness Skills(KIMS; Baer, Smith, & Allen, 2004)

Montgomery Asberg Depression Scale(MADS; Mongomery & Asberg, 1979)

Orientations to happiness(Peterson, Park, & Seligman, 2005)

Life Orientation Test-Revised(LOT-R; Scheier, Carver, & Bridges, 1994)

Outcome Questionnaire-45(OQ-45; Lambert et al., 2003)
Positive Psychotherapy Inventory(PPTI; Rashid & Ostermann, 2009)
Positive Psychotherapy Inventory-Children Version(PPTI-C; Rashid & Anjum, 2008)
Post-Stress Disorder Checklist-Civilian Version(Costa-Requena & Gil, 2010)
Post-Traumatic Growth Inventory(PTGI; Tedesshi & Calhoune, 1996)
Recovery Assessment Scale(RAS; Corrigan. Salzer, Ralph Sangster, & Keck, 2004)
Respiratory sinus arrhythmia(RSA; Berntson et al., 1997)
Savoring Beliefs Inventory(SBI; Bryant, 2003)
Scales of Well-being(SWB; Ryff, 1989)
Short Depressior:-Happiness Scale(SDHS; Joseph & Linely, 2006)
Social Skills Rating System(SSRS; Gresham & Elliot, 1990)
Structured Clinical Interview for DSM-IV Axis I(SCID; First, Spitzer, Gibbon, & Williams, 2007)
Students' Life Satisfaction Scale(SLSS; Huebner, 1991)
Social Functioning Scale(SFS; Birchwood, Smith, Cochrane, & Wetton, 1990)
Values in Action-Youth(VIA-Youth; Park & Peterson, 2006)
Warwick-Edinburgh Mental Well-being Scale(WEMWBS; Tennant et al., 2007)
Zung self-Rating Depression Scale(ZSRS; Zung, 1965)

혹은 변증법적 행동치료 결과를 비교했을 때에도 월등하게 효과
가 있었다는 것이 입증되었다. 특기할 만한 것은 피치료자의 웰빙
수준이 현저하게 신장되었다는 점이다. 이 자료를 해석할 때 이들
이 사용한 표집의 크기가 극히 소수에 불과하다는 점에 유의할 필
요가 있다.

● ● ● ● ● ● ●
Nossrat Peseschkian의 긍정적 심리치료

Martin Seligman이 미국에서 긍정적 심리치료의 운동을 시작하
기 전에 유럽에서는 Nossrat Peseschkian(1933~2010)이 긍정적 심
리치료의 기술을 도입한 사실이 기록에 남아 있다. 그는 이란 출
생으로 독일에서 신경학, 정신의학, 심리치료학 그리고 심신의학
교육을 받은 의사이다. 그는 증후 중심의 치료에 역점을 두었고,
환자의 재능과 가정환경에 대한 이해가 치료에서 큰 비중을 차지
한다는 점을 강조하였다.

긍정적 심리학, 긍정적 심리치료의 머리에 있는 '긍정성'의 참뜻
은 무엇인가? 형용사로는 확실성, 명사로는 긍정성 또는 실증 가능
한 것 등 매우 다양한 의미를 내포한다. 심리학적 의미에도 여러 가
지가 있다. 미국에서 긍정적 심리학을 개척한 Martin Seligman은
긍정성의 의미를 독창성, 낙관성 그리고 신뢰성을 뜻한다고 보았
다. 또 지역사회나 공동체가 수행해야 할 행동 특성을 의미한다고
해석하였다.

긍정성의 참뜻은 어원론적 지식을 빌리면 보다 명확해진다. Nossrat Peseschkian은 긍정성(positive)의 어원을 라틴어의 'positium'에서 찾는다. 이는 자신이 직면한 일을 해결하기 위해 그것을 전체적으로 이해하고 실천한다는 의미가 내포되어 있다. 여기에는 선과 악, 장점과 단점이 모두 내포되어 있다. 하지만 기지 혹은 재주와 같은 기능은 포함되어 있지 않다.

Peseschkian은 인간의 특성을 이렇게 말하고 있다. 즉, 인간에게는 선한 특성이 있고, 사회화할 수 있으며, 사람을 동정할 수 있고, 가족과 사회 그리고 모든 인류에게 공헌할 수 있으며, 더 나아가서는 의미, 가치 그리고 영성을 추구하는 기능이 있다.

긍정성은 해석하는 사람의 입장에 따라 그 의미가 달라진다. 그러므로 그 뜻은 사전적 의미보다 과학적 의미에 역점을 두고 해결되어야 한다. 이 용어에는 실증론적 의미가 포함되어 있다. 그럼에도 불구하고 심리학자들은 그 의미를 제한적으로 사용하고 있다. 심리학자들은 긍정성이라는 의미는 실증론적 의미와 크게 다르다고 주장한다. 이것이 곧 1800년대 학문의 세계를 지배한 프랑스의 철학자인 August Comte(1798~1857)의 근대 사회과학의 근간이다.

그동안 August Comte의 주장도 변했고 과학의 세계도 변했다. 하지만 그의 이론적 기본 틀은 크게 변하지 않고 있다. 도리어 이것을 실험심리학의 기초 세트를 바탕으로 긍정적이라는 의미를 해석하고 그것을 심리학의 영역으로 끌어들여 새로운 심리학의 설계에 성공한 것이 미국의 심리학자인 Martin Seligman이다.

그의 주장은 현대 사회과학자들의 주장과 크게 다르지 않다. 현

대 실험과학자들은 실증론을 가장 기본적 가정으로 삼는다. 이들
은 경험적 과학은 감각적 지각에 의해서만 정의될 수 있다고 믿는
다. 왜냐하면 그것만이 현실을 이해할 수 있는 수단이라고 생각하
기 때문이다. 감각기관을 통해서 얻어지는 것만이 유일한 과학적
세계이며, 이를 통해 내적 기관의 신경학적 구조의 모델을 구성할
있다고 생각한다.

긍정적 심리학자들이 사용하는 '긍정적'이라는 용어에는 정적
강화의 의미가 큰 비중을 차지하고 있다. 상담자가 진정으로 내담
자의 행동변화를 기대한다면 실험심리학에서 그 기술을 배워야
한다는 것이 인지심리학자가 상담자에게 주는 조언이다. 진정한
행동변화는 고전적 조건화의 원리와 상과 벌을 조작하는 오퍼런
트 조건화의 원리에 의해 이루어진다. 이와 같은 이론을 배경으로
변화된 행동평가의 기술은 결코 과소평가될 수 없다.

또한 긍정적 심리학자들이 사용하는 '긍정적'이라는 용어에는
이중적 의미(긍정적인 것과 부정적인 것)가 내포되어 있다. 이와 같
은 특성은 비정상적 행동과 잘못된 인지사고를 통해 밖으로 노출
되지만 그것은 객관적으로 입증된 것은 많지 않다. 긍정은 부정의
다른 기능이라고 말할 수는 있으나 그것은 절대적인 것은 아니다.

02
긍정적 심리학

긍정적 심리학

고등교육을 받은 성인 지식인에게 '긍정적 심리학'이란 어떤 과
학이냐고 물었을 때 사람에 따라 서로 다른 대답을 한다. 이것은
긍정적 심리학의 정체가 확실하게 정립되지 않았음을 의미한다.
관심을 달리하는 전문 심리학자나 치료심리학자에게 같은 질문을
했을 때에도 상황은 크게 다르지 않을 것이다.

확실한 대답을 못해도 그것이 우리에게 큰 도움을 주는 새로운
과학이라는 데는 의견을 같이할 것이다. 그러나 긍정적 심리학은
현대인이 직면하는 모든 문제를 속 시원하게 풀어 주는 만병통치
약과 같은 학문은 아니다. 또 그것은 현대인의 모든 문제를 풀어
주는 묘약이 담긴 신비의 상자도 아니다. 서로 다른 렌즈를 끼고

세상을 보는 사람이 많을수록 세상의 신비는 보다 잘 벗겨진다.

그러면 긍정적 심리학은 어떻게 정의되고 있는가? 권위가 인정된 문헌을 보면 여러 가지 정의가 소개되고 있다. 그 가운데 몇 가지만 살펴보자. 긍정적 심리학은 주관적 가치가 인정되는 세계, 웰빙과 충족의 생활을 회고해 보게 하는 과학이다. 미래에 대한 희망과 낙관적 생활태도를 유지하면서 현재 자기가 당면한 일에 몰입하고 거기서 행복을 추구할 수 있게 도움을 주는 과학이다.

또 다른 정의를 보자. 긍정적 심리학은 사랑, 직업, 용기, 바람직한 대인관계, 심미적 감수성, 인내심, 창의성, 장래의 희망, 영혼 그리고 높은 수준의 지혜를 추구하는 과학이다. 집단적 수준에서는 개인이 보다 나은 행복한 시민으로 발전하는 시민적 가치와 제도에 관심을 갖는다. 여기에는 개인의 책임감, 애정이 담긴 양육, 이타주의, 시민정신, 관용 그리고 근로윤리 등이 포함된다.

긍정적 심리학은 개인, 특히 성인의 성격강도와 덕목을 체계적으로 신장, 발전시키는 기초이다. 긍정적 심리학은 평범한 시민을 대상으로 그들을 상담하고 그들의 문제를 치료한다. 긍정적 심리학자의 관심은 이들이 보다 진취적으로 수행 가능한 것은 무엇인가를 찾아 그 기능을 신장, 발전시키는 데 역점을 둔다. 긍정적 심리학은 개인, 집단 그리고 조직의 번영을 돕고, 개인이나 집단의 행복에 대한 과학적 지식을 추구한다. 특히 인간의 궁극적 행복, 만족, 번영에 관심을 갖는다.

긍정적 심리학이 우리에게 소개되는 것을 계기로 심리학자를 보는 눈은 크게 달라졌다. 심리학자는 오래전부터 인간의 긍정적 특성보다 부정적 특성을 발견하고 치료하는 전문가로 낙인찍혀 지금에 이르고 있다. 이들의 주장을 뒷받침할 만한 객관적 자료가 많이 있다. 그 가운데 몇 가지만 살펴보자.

1999년 스와스모어 대학교의 심리학 교수인 Jane Gilham과 펜실베이니아 대학교의 심리학 교수인 Martin Seligman은 공동으로 1967년부터 1999년까지 30여 년간 전문학술지에 발표된 논문을 분석, 정리해 보았다. 6,000여 편의 논문이 공포와 불안을 주제로 다루고 있고, 용기나 기쁨을 주제로 다룬 논문은 불과 500편에 불과하다는 사실을 발견하였다.

2000년 호프 대학교의 심리학 교수인 David Myors는 1987년부터 1999년까지 12년 동안에 『Psychological Abstracts』에 수록된 논문을 주제별로 분석, 분류한 연구에서 우울증(70,856), 불안(57,800), 분노(8,072) 등과 같은 부정적 행동을 다룬 연구는 많았지만, 행복(2,958), 생활 충족(5,701), 기쁨(851) 등과 같은 긍정적 행동을 다룬 연구는 많지 않다는 사실을 발견하였다. 객관적 자료에 입증된 한 가지 사실, 심리학자들이 인간행동의 긍정적 측면부터 부정적 측면에 보다 많은 연구 결과를 가지고 있다는 사실을 어떻게 설명할 수 있을까.

케이스웨스턴리저브 대학교의 심리학 교수인 Roy Baumeister가 2001년 『Review of General Psychology』에 '악은 선보다 강하다'는 논문을 발표하였다. 악은 선과 상반되는 개념이다. 이는 바람직한 것도 아니고 유해할 뿐만 아니라 불쾌감을 유발한다. 또 그것은 보다 일관성이 있고, 보다 다양하고, 그 효과는 비교적 장시간 지속된다. 특정한 인물이나 대상에 대한 악한 인상은 선한 인물이나 대상에 대한 인상보다 쉽게 형성되어 보다 오랫동안 지속된다.

미국의 사업가인 Ben Carlson은 한 숟가락의 타르는 한 배럴의 꿀을 변질시킬 수 있으나 한 숟가락의 물은 한 배럴의 타르를 변질시킬 수 없다고 말했다. 조그마한 악은 커다란 선을 해칠 수 있지만 조그마한 선은 큰 악을 해칠 수 없다. 이러한 상황인데 심리학자의 관심이 선한 것보다는 악한 것에 쏠리지 않을 수 없었다.

• • • • • • •
긍정적 심리학이 추구하는 세 가지 웰빙

✦ 즐거운 생활

긍정적 심리학은 크게 세 가지, 즉 즐거운 생활, 유복한 생활 그리고 의미 있는 생활을 추구한다. 즐거운 생활은 행복한 생활이요, 웰빙을 성취한 생활이다. 행복과 웰빙은 표기상 달라 보이나 본질적으로는 다르지 않다. 어느 것이든 개인이나 집단의 즐거운 생활을 의미한다. 행복과 웰빙에는 황홀감과 안정감이 수반되고, 때로는 몰입과 같은 감정을 수반하기도 한다.

긍정적 심리학이 추구하는 행복의 질은 추구하는 사람에 따라 다르다. 과거 지향적 행복(만족, 자부심, 평온), 미래 지향적 행복(낙관주의, 희망, 믿음) 그리고 현재 지향적 행복으로 분류되기도 한다. 긍정적 심리학에서는 행복추구가 그 전부는 아니다. 그에 못지않게 중요한 것이 쾌락이며, 이는 육체적 쾌락과 정신적 쾌락으로 분류된다.

육체적 쾌락은 순간적인 것으로 감각기관을 통해 경험된다. 맛 좋은 미각, 냄새가 좋은 후각, 성적 감각, 자유로운 신체적 운동, 좋은 경치, 좋은 음악이 모두 이 유목에 속한다. 쾌락은 온정이나 절정감으로 표현되기도 한다. 수준 높은 정신적 쾌감도 이와 크게 다르지 않다. 그것은 감각적으로만 습득한 산물이 아니며, 이는 황홀, 환희, 스릴, 천국의 기쁨, 즐거움, 웃음, 오락과 같은 용어로 표현되기도 한다.

★ 유복한 생활

충족은 개인이 현재 경험하는 긍정적 정서의 또 다른 면이다. 이는 순수한 감정과는 다르다. 그것은 우리가 수행하고자 하는 활동을 의미한다. 독서, 스포츠, 대화 등에 몰입하면 그것을 공정하게 평가하는데, 여기에서 얻는 충족은 내구력과 같은 심리적 기제의 뒷받침이 결여되면 장기간 지속되지 못한다. 이것은 풍요로운 생활에 이어지는 통로이다. 자신의 가치체계를 바탕으로 자신의 욕구를 충족시켰을 때 얻는 감정이 곧 행복이요, 웰빙이다.

★ 의미 있는 생활

웰빙은 쉽게 성취되지 않는다. 성공적인 웰빙 성취는 개인의 성격강도, 즉 스트레스의 특성에 의해 좌우된다. 이는 곧 그의 특출한 능력을 의미한다. 그러므로 긍정적 심리학은 개인의 성격강도를 발견하여 그것을 일상생활에 활용할 수 있게 도움을 주는 과학이다.

긍정적 심리학자들은 개인의 의미 있는 생활을 돕기 위해 개인의 약점도 발견하여 보다 나은, 보다 강력한 잠재적 기능을 발휘할 수 있도록 도움을 준다. 그들은 전통적 정신병리학자가 수행한 업적의 가치를 결코 과소평가하지 않는다. 그들은 누구나 응용(임상, 교육, 건강, 직업), 기초(인지, 심리, 발달)의 지식을 겸비한 심리학자-시연자이어야 한다.

심리학자-시연자로서의 긍정적 심리학자는 과학적 검증이 불가능한 사건과 가까워서는 안 된다. 막연하게 인간의 행복이란 무엇인가의 질문을 받았을 때 사실을 외면한 비과학적 처방을 내려서도 안 된다. 문제의 해결을 위해 활용할 수 있는 방법은 많이 있다는 사실을 바탕으로 문제해결을 위한 시도를 해야 한다.

심리학에서는 개인의 단점보다는 장점에, 치료보다는 예방에 큰 비중이 주어져야 하고, 긍정적 심리학자는 자신의 이론이 기존의 모델과 얼마나 일치하는가도 자세히 검토해야 하며, 개인의 긍정적 측면과 부정적 측면에 통합적 방법으로 접근해야 한다. 또 긍정적 심리학자는 개인이나 집단의 정신치료, 건강관리 활동에는 물론 사회적 일탈자의 긍정적 변화를 위한 활동에 보다 적극적으로 참여할 필요가 있다. 더 나아가서는 정신 신체적 건강을 위한 틀도 구성해 볼 필요가 있다.

긍정적 심리학의 발달

긍정적 심리학의 뿌리는 미국 펜실베이니아 대학교 심리학 교수인 Martin Seligman의 1998년 미국 심리학회장 취임사에서 찾을 수 있다. 그는 당시 미국 정부의 잘못된 건강정책에 심한 비판을 했다. 보다 구체적으로 보면, 정부가 시행하고 있는 정신병 치료는 소극적 정책이라는 점, 정부가 젊은 세대의 생활의욕을 잘못 이해하고 있다는 점 그리고 젊은 세대의 능력 개발에 관심이 부족하다는 점을 지적하고 그에 대한 정책 변화가 필요하다는 점을 지적하였다.

이에 충격을 받은 미국 정부는 이 문제를 해결하기 위한 몇 가지 파격적인 조치를 했다. 우선 미국 정부는 1946년에 재향군인회 원호국을 세우고, 1947년에는 국립정신건강연구소의 직제를 과감하게 수정하였다. 수정된 정신건강연구소의 개편에 따라 심리학자의 역할이 크게 다양해졌다. 그들은 다른 정신치료자들과 공동으로 임상장면에서 정신병 치료에 참여할 수 있게 되었다. 그 제도는 지금까지 크게 달라진 것이 없다.

같은 시기에 Seligman은 펜실베이니아 대학교에 긍정적 심리학 위원회를 만들어 유능한 심리학자들이 연구와 진료에 전념할 수 있는 제도를 확립하였다. 이 위원회에 참석한 심리학자는 Mihaly Csikszentmihalyi, Ed Diener, Kathleen Hall Jamieson, Christopher Peterson 그리고 George Vaillant(1934~　)이다. Vaillant는 하버

드 대학교 의대 정신과 교수를 역임했고, 세계에서 가장 오래 진
행된 성인발달연구를 수행한 업적을 남겼다. 뒤를 이어 대학에 긍
정심리학센터가 설립되었다. 미국심리학회에서는 긍정적 심리학
을 주제로 한『American Psychologist』특별호를 내기도 하였다.
Seligman이 회장으로 취임한 지 7년 후 긍정적 심리학에 관계되
는 전문서적, 전문학술지 특별호가 출간되었고 지방에도 긍정적
심리학 네트워크가 조직되었다. 2006년에는『Journal of Positive
Psychology』가 출간되면서 긍정적 심리학에 대한 관심은 크게 높
아졌다.

이와 같은 발전에 힘입어 Seligman은 저명한 연구자는 물론
긍정적 심리학을 기획하고 학자들을 통합하여 보다 조직적으
로 활동할 수 있는 계기를 마련하였다. 특기할 만한 것은 행동
에 있어서 가치문제를 주장한 미시간 대학교의 심리학 교수인
Christopher Peterson(1950~2012)이 동참했다는 점이다.

그 외에 긍정적 정서의 연구에 크게 공헌한 노스캐롤라이나 채
프힐 대학교 교수인 Barbara Fredrickson(1964~   ), 긍정적 도덕
적 정서연구에 공을 남긴 Jonathan Haidt(1963~   ), 낙관주의 성
향이 신체적 건강에 긍정적 영향을 준다는 사실을 밝힌 켄터키 대
학교의 Suzanne Segerstrom 등이 포함된다.

✦ 메타 긍정적 심리학

심리학은 단순히 어떤 사실을 기술하고 설명하는 것에 만족하

지 않고 그 사실의 이론적 구조까지 밝히는 실증과학이다. 실증
과학으로서의 심리학은 정신세계를 추구하는 메타심리학의 영역
이다. 긍정적 심리학은 심리학의 이론적, 철학적 배경 위에서 새
로운 방향을 펼칠 필요가 있다. 메타심리학의 관점에서 본 긍정적
심리학은 개인의 잘못된 삶의 패턴을 개선하여 보다 건전한 삶의
질을 신장시키는 데 역점을 두어야 한다.

행동의 긍정적 측면과 부정적 측면을 융합시켜 개인의 웰빙 수
준을 향상시키는 것이 긍정적 심리학이 지향하는 최고의 목표가
되어야 한다. 긍정적 심리학이 지향하는 개인 혹은 지역사회의 진
정한 웰빙 신장의 목표를 달성하기 위해서는 심리학 지식만으로
는 목적을 달성할 수 없다. 그것은 경제학, 사회학, 인류학을 비롯
해서 자연과학의 지식을 통합한 과학적 지식체계를 도입할 필요
가 있다.

인간생활의 부정적 사건, 예를 들면 손상, 고통, 스트레스 그리
고 심신의 질병은 건강과 동일한 차원에서 다루어져야 한다. 불
행하게도 이와 같은 동일한 차원에서의 연구는 실현되지 못하고
있다. 언제부터인가 인간행동 연구자들의 일차적 관심은 긍정적
측면, 즉 건강보다 부정적 측면의 연구에 있었다. 선한 것보다는
악한 것이 연구자의 일차적 관심의 대상이었다.

이와 같은 사실은 경험적 자료가 뒷받침하고 있다. 미국의 사
회심리학자 Roy Baumeister(1957~   )는 『*Review of General
Psychology*』(2001, 323-370)』에 발표한 그의 논문에서 악은 선보다
강하다고 주장하였다. 이를 계기로 인간행동의 악한 측면은 선한

측면보다 더 많은 연구자의 관심 대상이 되었다. 이 주장의 타당성
은 다른 객관적 연구 결과에서도 잘 입증되고 있다. 1872년 이후에
발표된 Psyc/NFO 데이터베이스 자료에서 행복-비통, 희망-실망,
낙관성-비관성을 비교했을 때 부정적 극을 선호하는 비율과 긍정
적 극을 선호하는 비율이 2:1로 부정적 극을 선호하는 비율이 높은
사실을 발견할 수 있다.

✦ 미래의 긍정적 심리학

　앞에 소개한 경험적 자료는 긍정적 심리학자에게 새로운 방향
성을 시사한 것으로 받아들여야 한다. 무엇보다도 긍정적 생활경
험과 부정적 생활경험은 동일 차원에서 통합적으로 다루어질 필
요가 있다. 악은 선한 것보다 강하다는 주장을 과학적으로 입증할
수 있을까? 외상과 고통이 쾌락보다 더 강하게 느껴질 것인가? 긍
정적 심리학자들은 부정적 경험과 긍정적 경험을 동일 차원에서
접근할 필요가 있다.

　심리학자는 개인의 외상적 경험과 역경을 어떻게 극복하는가에
대한 이론체계를 가질 필요가 있다. 이를 바탕으로 외상 후 스트
레스장애와 외상 후 성장을 토론하고 치료할 수 있어야 한다. 그
럼으로써 외상 후 스트레스장애와 외상 후 성장 이론을 통합시킬
수 있다. 만일 긍정적 심리학자가 이를 성공적으로 수행할 수 있
게 되면 인간에 대한 통합적 이해가 보다 쉽게 이루어질 수 있다.

　긍정적 심리학자는 과거의 이론체계와 현재의 이론체계를 통합

수용해야 하고, 인본주의 실존철학자들의 지식을 바탕으로 자신들이 직면한 문제의 해결을 탐색할 필요가 있다. 긍정적 심리학은 동서고금의 탁월한 지식체계, 예를 들면 Aristoteles(BC 384~322), Thomas Aquinas(1225~1274), John Dewey(1859~1952), William James(1842~1910), Carl Rogers 그리고 Abraham Maslow의 지식체계를 바탕으로 새로운 문제해결 방법을 찾아야 할 것이다. 긍정적 심리학자는 학문적 정직성과 지적 신기성의 가치를 높이 평가하고 수용해야 한다.

긍정적 심리학자는 심리학의 다른 영역은 물론 경제학, 사회학 그리고 인류학에서 보다 이질적인 지식체계를 발굴해야 한다. 사회사업 전공학자 가운데 개인의 강점 신장에 관심을 가진 사람이 많이 있다. 개인의 웰빙 신장의 중요성을 강조한 경제학자도 있다. 이와 같은 사실은 인간의 행복 증진에 관심을 가지는 학문영역은 매우 다양하다는 사실을 알 수 있다.

긍정적 심리학은 행동에 대한 수준 높은 과학적 이해를 위해 심리사회적 지식은 물론 생물학적, 신경과학적 지식이 통합된 지식에 큰 비중을 둘 필요가 있다. 이와 같은 조류는 이미 오래 전에 일부 긍정적 심리학자들이 추구하고 있었다. 여성이 스트레스를 극복하는 데 있어서 심리학적 지식과 생물학적 지식이 차지하는 비중이 크다는 사실은 새로운 발견이다.

우리 생활의 일관성을 유지하는 데에는 실용적, 과학적 지식이 뒷받침되어야 한다. 긍정적 심리학의 지식은 도움을 필요로 하는 사람에게 보다 의미 있고 실용적인 도움을 준다. 이는 곧 개인이 건전한 일상생활을 유지하는 데 도움을 준다. 긍정적 심리학이 이러한 특성을 보다 정확하게 이해할 수 있다면 보다 큰 도움을 줄 수 있다.

긍정적 심리학이 사회발전에 건설적인 힘이 되어야 한다. 이를 위해 긍정적 심리학은 그를 뒷받침하는 긍정적 제도가 필요하다. 불행하게도 이 문제는 긍정적 심리학자의 관심의 대상이 되지 못했다. 지금까지 많은 긍정적 심리학자는 사회심리학적 전통에 따라 인간의 행동에 접근하고 있다. 이것만으로는 긍정적 심리학이 긍정적 사회학, 긍정적 인류학에 접근할 수 없다. 시대 조류의 변화는 이미 시작되었기에 긍정적 심리학자들은 국가적 관점에서, 사회적 관점에서 개인의 행복, 건강 그리고 웰빙 문제에 접근할 필요가 있다. 긍정적 조직에 대한 이해는 보다 넓은 관점에서 이루어질 필요가 있다.

불행하게도 심리학자들은 국가의 공공정책 수립 및 시행과정에 적극적으로 참여하지 못하고 있다. 이와 같은 현실을 타결하는 데에 필요한 여러 가지 방법이 있다. 우선 긍정적 심리학은 사회과학, 특히 경제학의 지식을 공유할 필요가 있다. 그럼으로써 경제학자와 심리학자는 보다 큰 힘을 얻을 수 있다. 이와 같은 주장은 새로운 것이 아니다. 선진국에서는 국민의 웰빙 수준은 GDP와 같은 경제적 지표를 바탕으로 평가하고 있으며, 대표적 사례로 영국 정부는 2002년 국민의 건강 문제의 해결을 위해 공식적인 국가기관을 만들었다.

★ 기술과 설명

미래의 긍정적 심리학은 사실의 기술과 그에 대한 설명이 병행되어야 한다. 어떤 주어진 사실을 기술하고 설명하는 것이 과학의 기능이다. 어느 쪽으로 편향된 결과는 건전한 과학적 지식이 될 수 없다. 긍정적 심리학은 발견된 사실의 가치에 큰 비중을 둔다. 그것이 어떤 가치를 갖는지 또 그것이 어떻게 활용될 것인지는 관심을 가질 필요가 없다. 발견된 사실 그 자체가 의미를 갖는다.

본질적으로 긍정적 심리학은 가치문제를 완전히 배제할 수 없다. 긍정적 심리학의 뿌리는 긍정적인 것이요, 그것은 선한 것이라는 가정을 기초로 한다. 의사들은 치료 수단으로 환자에게 과일과 채소를 충분히 섭취하라고 처방을 하고 설명한다. 또 의사는 그것을 과잉 섭취하는 것은 건강을 해친다는 충고도 한다. 이와 같은 의사의 처방은 전 세계적으로 동일하다. 이는 장수에 도움이 된다는 사실에 많은 의사가 의견을 같이한다.

심리학자들의 처방은 사람에 따라 다를 수 있다. 왜냐하면 심리학자의 학문적 배경이 다르고 그것을 받아들이는 태도가 다르기 때문이다. 심리학자가 가지는 주관적 판단 때문일 수도 있다. 심리학자의 판단은 세 가지 철학적 기초 위에서 내려진다.

- 일반적으로 선택과정은 일관성이 지배한다. 한번 선한 것으로 판단하면 일관되게 선한 것으로 판단하는 경향이 있다.
- 긍정적 평가 그 자체는 곧 좋다는 판단의 지표가 된다.

• 개인의 가치 판단은 특정한 규준, 종교적 신념, 문화적 특징
  을 바탕으로 이루어진다.

이러한 세 가지 기준은 언제, 어디에서나 통용되는 것은 아
니다. 그러므로 판단이 쉽지 않다. 그것은 매우 복잡한 여러 차원
으로 이루어진다. 올바른 판단은 이들의 선을 잘 이해할 필요가
있다. 이는 개인이 처한 사태, 그의 문화 그리고 시간에 따른 복합
적 요인의 특성을 이해할 필요가 있다.

긍정적 심리학은 사실에 대한 비판적 사고도 없이, 설명도 없
이, 신중한 생각도 없이 규범에 따라 수용하는 것은 피해야 한다.
긍정적 심리학은 긍정성의 본질에 대한 논쟁에 적극적으로 참
여할 수 있어야 하고, 사실 형성된 조건에 대한 지식을 축적해야
한다. 긍정적 심리학은 긍정적인 사건을 체계적으로 설명할 수 있
는 통합된 지식체계를 가지고 심리학적 현상의 분류체계를 구축
할 필요가 있다. 이것은 곧 낙관적 인간경험에 대한 메타 이론적
기반이 될 것이다.

✸ 웰빙과 사회과학

개인의 웰빙 수준은 누가 결정하는가? 심리학자인가, 자연과학
자인가, 의사인가, 아니면 사회과학자인가? 이 결정은 어느 특정
분야의 과학자에 의해 이루어질 수 없다. 그것은 여러 가지 전문
지식을 가진 과학자들이 결정한다.

불행하게도 한때 개인의 웰빙 신장을 책임질 전문 분야는 극히 한정되어 있었다. 이런 상황에서도 긍정적 심리학자들은 웰빙 문제의 해결에 적극적으로 참여할 수 있는 과학자를 만나게 되었다. 첫째로 경제학자와의 만남을 들 수 있다.

1980년대에 개인의 수입은 개인의 행복 수준과 깊은 관계가 있다는 사실이 『Science of Happiness』에 소개되었다. 이 연구는 영국의 런던 대학교 경제수행센터(CEP)에서 수행되었다.

1990년 영국의 워릭 대학교 경제 및 행동과학 교수인 Andrew Oswald(1953~)는 마이크로 분석방법으로 유럽 여러 국가의 경제적 웰빙 상태를 조사하였다. 이 조사 결과에서 많은 사람이 나라의 웰빙 수준은 높아지는데 자신의 웰빙 상태는 신장되지 않는다고 호소한다는 사실이 밝혀졌다.

이와 같은 자료는 시사하는 바가 크다. 무엇보다도 개인의 웰빙은 순수한 개인의 문제가 아니라 공공기관이 책임져야 한다는 점이다. 이와 같은 주장은 많은 전문가의 호응을 받았다. Nicolas Sarkozy(1955~) 전 프랑스 대통령과 David Cameron(1966~) 전 영국 총리는 개인의 실직이나 사별의 문제는 국가 차원에서 해결할 필요가 있다는 점에 의견을 같이하였다.

이들의 주장에 이스라엘 국적의 심리학자이자 경제학자인 Daniel Kahneman(1934~), 영국의 사업가인 Peter Warr(1938~ 2010), 그리고 영국 셰필드 대학교 직업심리학 교수인 Kamal Birdi 등은 부가적으로 새로운 주장을 내놓았다. 이들 주장의 핵심은 개인의 웰빙은 경제적 뒷받침이 필요하다는 데 있다. 이들의 주장에

따라 개인의 웰빙은 심리학자와 경제학자가 공동으로 추구해야
할 필요가 있다는 운동이 활발하게 진행되었다.

이를 계기로 개인의 웰빙은 튼튼한 경제적 바탕 위에서 개인
의 정신건강 문제가 심도 있게 다루어져야 된다는 주장이 등장하
였다. 1970년 영국의 성인 집단에서 얻은 자료에서 정신건강 문제
가 다른 사회 문제보다 4배나 더 심각하다는 사실이 밝혀졌고, 그
것은 가정의 수입과 깊은 관계가 있는 것으로 해석할 수 있었다.
이 자료의 분석에서 정신장애자 100만 명은 경제적 능력을 상실하
고 있음을 발견하였다.

같은 시기에 경제학자인 Richard Layard(1934~   )는 영국에
서 웰빙 운동을 시작하였다. 그는 런던 대학교(LES) 경제학 교수
로서 웰빙센터 프로그램 책임자이다. 그는 2005년 저서『행복
(*Happiness: Lessens from a new science*)』에 자신의 웰빙 프로그램
과 그들이 성취한 업적을 소개하였다. 특기할 만한 것은 영국의
성인 6명 가운데 1명은 우울증이나 불안으로 심한 고통을 받고 있
으며 그들 가운데 치료를 받은 사람은 25%에 지나지 않는다는 점
이다.

이와 같은 사실에 크게 놀란 Layard는 국가 차원의 조치가 필요
하다고 생각하고 획기적인 책략을 수립하였다. 그가 제시한 획기
적인 책략은 인지행동치료이고 정부가 그것을 적극적으로 추진할
것을 권장하였다. 그들은 인지행동치료의 기법으로 개인의 웰빙
을 향상시킬 수 있다고 믿고 범국가적 사업으로 추진하였다.

2007년에 런던 대학교의 정신경제학자 Martin Knapp(1952~   )

와 세계적인 인지치료자 David Clark은 공동으로 낸 우울증 보고서를 통해 전문 인력 양성의 필요성을 정부에 제안하였다. 그들은 개인의 정신건강과 웰빙 향상의 책임은 국가에 있고 이를 위해 인지치료자 10,000명을 양성할 것을 국립건강성에 건의하였다. 이들의 건의를 받아들인 정부는 인지행동치료를 통한 국민 웰빙 신장정책을 수립하였다.

영국 정부는 이들의 주장을 바탕으로 심리치료 프로그램(IAPT)을 개발하고 그 계획에 따라 2008~2014년까지 6년간에 걸쳐 국민의 웰빙 수준을 객관적으로 측정한 바 있다. 이 프로그램은 후에 미국 펜실베이니아 대학교에서 개발한 치료 계획의 기반이 되었다.

★ 웰빙과 인지행동치료

인지행동치료(CBT)는 개인과 사회조직원의 정신건강의 향상을 목표로 하는 심리-사회적 치료 기술이다. CBT는 개인의 바람직하지 못한 부정적 인지기능의 장애, 예를 들면 사고, 신념, 태도를 긍정적으로 변화시키는 데 역점을 둔다. 또 직면한 문제를 해결하는 능력을 증진시키는 데 역점을 둔다. 개인의 우울증 치료에 일차적 관심을 가졌던 초기의 치료자들과는 달리 현대 인지행동치료자들은 불안을 포함한 여러 가지 건강 문제의 치료에도 큰 관심을 갖는다.

CBT 모델은 행동심리학과 인지심리학의 원리에 기초를 둔다. 이는 전통적인 정신치료자와는 크게 다르다. 이는 전통적 정신분석자들이 환자의 이면에 잠재하는 무의식적 세계를 바탕으로 문제를 진단하고 치료하는 방법과는 현저히 다르다. CBT는 문제 중심, 행동 중심의 치료이다. 이들은 진단된 문제를 중심으로 치료한다. 치료자는 환자가 자신의 문제를 정확하게 인지할 수 있게 하는데, 이것이 효과적 장애증후의 경감 수단이 된다.

개인의 심리적 장애의 근원은 개인의 사고장애와 부적응행동에 있다. 그러므로 그것은 새로운 정보처리기술과 극복기제에 대한 지식에 의해 효율적으로 치료된다는 것이 인지행동치료자들의 신념이다. CBT의 대상은 불안, 외상 후 증후군, 약물오용, 섭식장애 그리고 경계선급 성격장애 등 매우 다양하다. 이들에 대한 치료 효과는 매우 높다. 이 치료는 다른 약물치료와 병행하면 그 효과는 더 높아진다. CBT의 효과는 단독 약물치료 효과보다 월등하게 높다. CBT에 의한 공격성과 같은 문제행동치료의 효과도 높다는 것이 치료전문가들의 주장이다.

CBT의 기초는 고대철학사상에서 찾을 수 있다. 로마의 철학자 Epictetus(AD 50~135)는 정서적 혼란을 일으키는 원인을 논리학적 방법으로 발견할 수 있다고 보았다. 그의 사상은 역사적으로 보아도 큰 의미가 있지만 인지행동치료자들에게 시사하는 바가 크다. 보다 구체적으로 살펴보자.

우선, 대표적인 연구자로 미국의 정신의학자이며 심리학자인 Aaron Beck을 들 수 있다. 그는 인지행동치료의 근원을 스토아 철학에서 찾았다고 밝혔다. Epictetus의 인지이론의 영향을 받은 인지행동치료자로는 미국의 임상심리학자인 Albert Ellis를 들 수

있다. 영국의 철학자이며 경제학자인 John Stuart Mill(1806~1873)
도 이 범주에 묶어 생각할 수 있다.

✱ 행동치료

현재 통용되고 있는 CBT의 기초는 행동치료와 인지치료에서 찾
을 수 있다. 1920년대에 전성기를 이루었던 행동주의심리학은 행
동주의 중심의 치료 기술의 기본이 되었고 이는 1950년대까지 지
속적으로 발달하였다.

행동치료의 연구는 1950~1960년 사이에 미국, 남미, 영국에
서 크게 발달하였다. 1954년에는 미국의 심리학자인 Julian Rotter
(1916~2014)가, 1969년에는 캐나다 출생의 미국 심리학자인
Albert Bandura(1925~)가 행동치료의 중심이 되었다. 그들은 자
신들의 특유한 사회학습이론을 바탕으로 인지기능이 학습과 행동
에 큰 영향을 준다는 사실을 밝혀낼 수 있었다. 인간행동에 있어
행동요인의 중요성을 크게 강조하였는데 이것이 곧 CBT의 제1사
조로 인정된다.

✱ 인지이론

심리치료에서 인지기능의 중요성을 최초로 강조한 것은 오스
트리아 출생의 정신의학자인 Alfred Adler이다. 그의 주장에 의하
면 개인은 자신의 과오 때문에 불건전하고 불필요한 행동을 한다

고 한다. 다른 한편으로는 이와 같은 과오는 삶의 목적을 성취하는 원동력이 된다고 한다. 그의 사상을 바탕으로 Albert Ellis는 합리적 정서행동치료의 체계를 개발하였다.

Aaron Beck은 Freud와는 다른 입장에서 사고 문제를 이해하였다. 그는 정신분석 치료 과정에서 자신이 발견한 사고는 Freud의 이론과는 전혀 다르다는 점에 착안하였다. 그는 자신이 발견한 사고의 본질은 개인의 정서적 불쾌감과 밀접한 관계가 있다는 점을 기반으로 자신의 인지치료체계를 확립하고, 그 사고를 자동적 사고라고 명명하였다. Albert Ellis의 합리적 정서행동치료와 Aaron Beck의 인지치료를 바탕으로 CBT의 제2사조가 등장하였는데 이들은 모두 인지적 요소를 강조한다.

★ 행동과 인지치료

행동주의심리학자들은 신경증 치료에서는 큰 성과를 거두었으나 우울증 치료에서는 크게 성공하지 못했다. 행동주의심리학은 인지혁명의 여파로 그 명성을 잃게 되면서 Albert Ellis와 Aaron Beck의 명성이 치료자의 관심을 갖게 되었다. 초기의 인지치료는 행동치료와 큰 대조를 이루었으나 1980~1990년대에 와서 인지치료 기술과 행동치료가 인지행동치료의 우산 속으로 들어오게 되었다. 이 기술은 영국의 David Clark, 미국의 심리학자 David Barlow(1942~   )에 의해 공황장애 치료에 사용되어 효과가 입증되었다. 행동치료와 인지치료의 이론적 기술적 기반이 CBT의

제3사조를 이끌어 냈다.

★ 컴퓨터를 사용한 인지행동치료

CBT는 환자와 치료자의 대면관계를 기반으로 이루어지는데 이는 후에 과학자-기술자 모델로 정착하였다. 이 모델에 따르면 임상치료는 과학적 접근법에 따라 이루어져야 한다. 즉, 문제를 발견하고 목적 성취를 위해 객관적 측정을 하고 인지과정의 변화를 정확하게 측정하고 기록해야 한다.

이와 같은 과정에서 치료를 받는 내담자는 큰 심리적 부담을 느낀다. 치료자는 이와 같은 문제를 염두에 두고 보다 융통성이 보장된 여러 가지 방법을 개발하여 실생활에 적용한다. 그들이 개발한 많은 기술 가운데 컴퓨터를 사용한 인지행동치료(Computerized Cognitive Behavior Therapy: CCBT)가 있다. 이는 치료자와 내담자의 직접 대면이 아니라 컴퓨터를 매개로 한 치료방법이다.

CCBT는 영국의 국민건강관리소(National Institute of Health and Care Excellence: NICE)가 발전시킨 인지행동치료의 치료 기술로 이는 흔히 인터넷에서 파생된 인지치료(Internet Delivered Cognitive Behavioral Therapy: ICBT)라고도 불린다.

이 치료 기술에는 여러 가지 특징이 있다. 무엇보다도 이는 근거 중심의 치료를 계속할 수 있고 대면치료에 수반되는 여러 가지 문제를 피할 수 있다. 경비-효과에 대한 메타분석 결과 그 비용은 매우 저렴하고 치료 효과는 높은 것으로 밝혀졌다.

이 치료 기술은 일반 인지치료와는 크게 다르다. 무엇보다도 이 치료 기술은 치료자와 피치료자 혹은 환자, 내담자 간의 대면 과정을 필요로 하지 않는다. 그 대신 환자 혹은 내담자는 개인 컴퓨터나 인터넷 음성 시스템을 활용하여 자신의 의사를 전하고 필요한 도움을 받는다.

CCBT에는 여러 가지 형태의 이상행동을 보다 효과적으로 치료할 수 있는 기능이 있다. CCBT에 의해 효과적으로 치료되는 주요 이상행동으로는 불안장애, 우울증, 자살, 식이장애/비만, 강박성장애, 외상 후 스트레스장애 등이 있다.

CCBT의 기술을 바탕으로 개발된 셀프 치료 기술도 있다. 이는 스마트폰 애플리케이션을 활용한 인공지능 챗봇(Artificial Chatbot)이다. 이는 자연적인 언어처리과정(National Language Processing: NLP)을 거친 산물로 단순히 상대방의 메시지를 전달하는 것부터 상대방의 메시지를 분석하여 인공지능의 수준에 이르는 복잡한 것까지 그 종류는 매우 다양하다. 인공지능 챗봇에는 낮은 건강수준을 향상시키고 쇠퇴한 정신기능을 회복시키는 기능이 있다.

03

긍정적 심리치료: 그 과정과 시연

긍정적 심리치료는 3단계로 구성되어 있다. 1단계에서는 자신의 신상에 대한 기록을 작성한다. 이 과정에서 자기가 성공적으로 극복한 경험을 기술한다. 이 단계에서는 자신의 지표강도의 프로파일을 수집하고 그것이 심리적 스트레스와 어떤 관계가 있는가를 찾아내는 기술을 습득하는 데 역점을 둔다.

2단계에서는 대인관계의 특성을 평가한다. 특히 부정적 경험을 어떻게 긍정적으로 변화시킬 수 있었는가에 역점을 둔다.

3단계에서는 자신의 성격강도를 활용해서 삶의 의미와 목적을 어떻게 추구하는가를 탐색한다.

이 장에서는 각 단계의 치료가 세션을 통해서 어떻게 수행되어 가는지를 살펴볼 수 있다. 긍정적 심리치료는 다른 형태의 치료와 병행할 수도 있다. 치료의 전 과정을 통해 자기 스스로 감사일기를 만든다. 이 감사일기는 자신의 일일생활에서 자신이 경험한 긍정적 사건들을 일기 형식으로 기록한다. 이 감사일기는 자신이 일상생활에서 무심코 넘겨 버린 긍정적 경험을 다시 경험해 볼 수 있는 기회가 된다. 여기에서 발견된 성격강도는 자기 생활에서 여러 가지 방법으로 활용할 수 있다.

● ● ●
1단계

이 단계는 긍정적 심리치료의 첫 세션으로 내담자 혹은 환자는 자기 스스로 개인 생활기록을 작성한다. 이 기록에는 자신이 경험한 최선의 생활경험이 중심이 되며 일화적인 것까지도 포함시킨다. 여기에 자신이 성공적으로 극복할 수 있었던 것, 자신이 극복하는데 실패했던 것, 크고 작은 것이 모두 포함된다. 이 기술에는 본인의 관심사, 자기에게 일어났던 일들이 모두 성실하게 그리고 구체적으로 포함되어야 한다.

보다 구체적으로 말하면 일상생활에서 경험한 일, 특정한 음식을 먹었던 일, 좋은 날씨를 즐겼던 일 그리고 즐겁게 노래를 불렀던 일 등이 모두 포함되어야 한다. 이런 일들을 통해 자기 스스로 작지만 긍정적 생활을 다시 경험해 볼 수 있다. 이 단계에서는 자신의 강도 특성 평가 자료를 마련한다. 이를 바탕으로 자기가 직면한 문제나 웰빙 문제에 대한 현실적 목표를 설정한다.

이 단계에서는 타인으로부터 자신에 대한 평가를 받아 본다. 평가자는 부모, 형제일 수도 있고 배우자일 수도 있다. 이 자료를 통해 나 자신에 대한 보다 많은 정보를 얻을 수 있다. 이 과정에서 자신이 직면한 도전 사태에 보다 긍정적으로 활용 가능한 성격 강도가 무엇인가를 깊이 이해할 수 있어야 한다. 기분조절에 있어서 긍정적 경험을 회상하는 것은 중요한 역할을 한다(Joorman, Dkane, & Gotlib, 2006).

치료 초기에 자신이 가지는 긍정적 정서는 행동변화의 원동력이 되고, 이로 인해 새로운 많은 아이디어가 생긴다. 더 나아가서 시야를 넓혀 궁극적으로는 개인의 축적된 자원이 된다(Fitzpatrick & Stalikas, 2008). 강도평가의 최종단계에서 자기 스스로 실용적 지혜를 발견해야 한다. 강도의 관점에서 보면 실용적 지혜는 가장 중요한 강도이다(Schwartz & Sharpe, 2010). 이는 강도가 무엇인지를 알게 되는 방법이다. 실용적 지혜는 강도를 포함한 정신적 자원을 요구하는 사태에 적응하는 능력을 제공한다.

긍정적 심리치료를 통해 우리는 자신의 정서를 통제하고 긍정적 정서와 부정적 정서를 여러 가지 의미로 해석하는 것을 배우게 된다. 예를 들면, 부정적 정서를 경험하고 싶은 동기를 가지게 되고 더 나아가서 부정적 정서를 강화하기도 한다. 왜냐하면 부정적 정서는 긍정적 정서보다 유용할 때가 있기 때문이다.

대인관계에서 불안, 욕구좌절, 실망은 타인의 비행 신호이다. 낙관적 수준의 불안이 없이 중요한 일을 완수하겠다는 강한 신념은 일을 지연시키는 결과를 가져온다. 슬픔과 상실의 가치를 피해 약물을 복용하거나 난잡한 성행동에 빠지는 것은 긍정적 극복을 불가능하게 한다.

긍정적 심리치료를 통해 자신의 특정한 성격강도가 긍정적인 것인가, 부정적인가를 깨닫게 된다. 〈표 7-2〉에는 심리적 도전과 성격강도에 기초한 특정한 극복강도와의 관계가 수록되어 있다.

긍정적 심리치료는 긍정적 입문에서부터 시작된다. 여기에는 자신이 도전해서 극복한 것을 소개하는 기회가 된다. 이를 위해 자신의 이야기를 간단히 기록한다. 다음 단계에서는 강도를 평가한다. 이를 위해 *Values in Action-Inventory of Strength(VIA-IS)* (Peterson & Seligman, 2004)를 사용한다. 강도평가 자료는 다른 자기평가 자료와 병합한다. 이 모든 자료를 병합해서 자신의 지표강도를 결정하고, 이는 24개 성격강도 측정 수단으로 사용된다.

긍정적 심리치료 1단계에서 자기 스스로 자신의 지표강도를 보다 긍정적으로 활용 가능한 특정한 행동 세트를 세팅시켜야 한다. 구체적인 방법은 자기계발의 시연방법을 참고한 것이고 긍정적 심리조정의 기술을 수정한 것으로 보다 나은 자기를 가지게 하는 데 역점을 둔다.

자기의 지표강도를 보다 깊이 이해하고 평가할 수 있게 되면 자신의 강도 특성을 보다 구체적으로 기술할 수 있고 자신의 생각을 보다 정확하게 표현할 수 있다. 자신의 강도를 기록으로 남기는 것은 매우 중요하다. 자기 진전의 기록을 남기는 것 그 자체는 성공의 기회를 42%나 증진시킨다(Fadla, 2014).

2단계

2단계에서는 자신의 역경을 보다 적절하게 극복하고 보다 건설적으로 이겨 낼 수 있는 기능을 습득하는 데 역점을 둔다. 이 과정에서 도전에 직면하였을 때 자신의 강도를 효율적으로 이용하는 방법을 스스로 학습하게 된다. 이를 위해 자기 스스로 증후나 문제를 잘 설명할 수 있는 행동이나 습관을 인출하기 위해 강도의 결핍과 같은 용어를 쓴다. 단순히 결함이 있다 혹은 없다는 표현은 삼가야 한다.

2단계의 핵심은 자기에게 지속적으로 문제를 제기하는 공개된 (미해결) 기억과 부정적 기억을 보다 긍정적으로 바꾸는 데 관심을 쏟는다. 이 단계에서 참된 용서란 어떤 것인지 알게 된다. 자신은 과거의 긍정적 기억을 되새기면서 지속적으로 감사의 감정을 가지게 된다. 자신의 경험을 깊이 되새겨서 그것을 기록으로 남기는 것은 정서의 신장에 도움이 되고 그것이 곧 통제의 감정으로 이어지며, 이는 개인 성장의 주요 기본 요소가 된다(Deci & Ryan, 2008).

이 단계에서 자신의 쓰라린 경험이나 후회되는 사건을 되새겨 본다. 이 단계에서는 긍정적인 경험과 부정적 경험이 모두 포함되어야 한다. 부정적 기억을 긍정적인 기억으로 전환시키는 데에는 여러 가지 방법이 있다. 긍정적 평가(Rashid & Seligman, 2013)는 자신의 원한이나 후회하는 경험을 달래는 데 큰 도움을 준다. 이는 네 가지 책략을 통해 이루어진다.

첫째 책략에서는 심리적 공간을 형성한다. 자기의 쓰라린 경험을 제3자의 입장에서 서술한다. 개인적인 입장보다 제3자의 입장에서 기술한다. 이와 같은 방법은 나의 부정적 기억을 되살리는데 노력과 시간을 절약할 수 있다(Kross, Ayduk, & Mischel, 2005). 결과적으로 자신의 부정적 기억에 대한 인지적 주의 기능을 보다 효과적으로 활용 가능하게 된다.

둘째 책략에서는 차분한 상태에서 쓰라린 기억을 보다 자세하게 회상한다. 이는 긍정적 기억과 부정적 기억을 통합시키는 기회이다. 이는 흔히 쉽게 망각하거나 기억에서 멀어진 것들이다. 이는 원칙적으로 사람의 기억은 부정적 지향성이기 때문이다.

셋째 책략에서는 자기 집중적 마음의 상태, 자기 스스로 부정적 기억을 되새겨 본다. 이는 영화를 보는 것과 같이 부정적 기억을 되새겨 본다. 이 과정에서는 기억과 관계되는 정서에서 벗어나기 위한 것이라기보다는 그 기억 그 자체를 되새겨 보는 데 의미가 있다.

넷째 책략에서는 쓰라린 경험을 야기시킨 단서가 무엇인가를 생각한다. 이를 바탕으로 신체적 쓰라린 경험을 치유할 수 있는 신체적 혹은 인지적 기능으로 반전시켜 나갈 수 있다. 쓰라린 기억은 외부자극을 예민하게 받는다.

용서하는 것은 무엇이고 용서하지 않는 것은 무엇인가? 긍정적 심리치료에서는 용서를 변화의 과정이라고 정의한다. 용서한다는 것은 범죄자를 너그럽게 봐준다거나, 사회적으로 용납되는 정의를 파헤친다든가, 남의 잘못을 덮어 준다는 것을 의미하는 것은 아니다. 또 용서한다는 것은 부정적 사고나 정서를 중성적 정서나 혹은 긍정적 정서로 대치하는 것을 의미하는 것도 아니다. 이와 같은 생각을 바탕으로 자신의 부정적 경험도 관대하게 스스로 해결할 수 있다는 생각을 가져야 한다.

긍정적 심리치료의 중간 단계에서 수행해야 할 것은 만족감(Schwartz et al., 2002)에 대한 시연이다. 이는 자기 스스로가 과제를 수행하는 데 비용과 시간이 얼마나 소용되는가를 스스로 깨닫게 된다. 또 다른 주요 시연은 감사에 대한 시연이다. 이는 자신의 삶에 대한 긍정적 측면을 깨닫는 것이다.

감사는 개인의 웰빙과 밀접한 관계가 있다. 여기에는 두 가지 시연이 포함되어 있다. 하나는 감사편지이다. 이는 나에게 친절을 베푼 사람에게 감사의 뜻을 표하지 못한 일을 회고하는 것이다. 이 과정에서 그에게 심심한 감사의 뜻을 담은 편지를 쓰는 것이다. 또 하나는 감사방문이다. 이를 통해 수신자는 강한 긍정적 정서를 경험하게 된다.

● ● ●
3단계

3단계에서는 친밀한 대인관계를 신장시키는 데 역점을 둔다. Viktor Frankl의 저서『인간의 의미 탐구(*Men's search for meaning*)』(1963)와『의사와 영혼: 심리치료부터 로고테라피(*The doctor and soul: From psychotherapy to logotherapy*)』(1986)에 행복이 어떻게

얻어지는지를 자세히 기록하고 있다. 행복은 노력 없이 성취되지 않는다. 그것은 보다 큰 목적을 두고 노력한 산물이다. 보다 큰 목적을 이루기 위해 행복을 추구할 수 있는 사람은 보다 수준 높은 웰빙을 경험할 수 있다. 그러므로 긍정적 심리치료의 3단계에서는 의미와 목적을 추구할 수 있어야 한다.

모든 성격강도에는 개인의 자아개념을 확대시켜 나갈 수도 있고 불쾌한 기억을 성공적으로 다스릴 수 있는 기능이 있다. 용서하는 것이 무엇인가를 이해할 수 있고 감사하는 마음을 갖게 되면 그로부터 큰 도움을 받는다. 의미와 목적에 대한 감각을 가지는 사람은 심리적 불쾌감을 보다 효과적으로 극복할 수 있다.

긍정적 심리치료의 3단계에서는 자기 스스로 여러 가지 방법—대인관계의 강화, 예술적/지적/과학적 성취, 철학과 종교에 대한 지식 습득—으로 의미의 수준을 신장시켜 나가야 한다. 이 과정은 마음이 편하고 행복감만을 경험하는 것은 아니다. 고통스럽고 극복하기 힘든 사실을 경험할 수도 있다. 이 단계에서는 자신의 성격강도를 다른 사람을 위해 어떻게 활용할 것인가를 깊이 생각해 볼 필요가 있고, 대인관계를 향상시키는 데 역점을 둔다.

● ● ● ● ● ● ●
행동의 변화

긍정적 심리치료에 의한 행동의 변화는 여러 가지 형태로 나타난다.

첫째, 긍정적 정서의 신장으로 나타난다. 정서는 우리의 인지 기능과 행동 기능을 향상시키는 기능이 있다(Fredrickson, 2009). 감사편지, 감사방문을 통해 개인의 정서는 향상된다.

감사일기는 자기의 하루 생활에서 경험한 긍정적 사건 세 가지를 잠들기 전에 기록한다. 이때 크고 작은 것은 가리지 않으며, 하루의 생활 과정에서 경험한 것이면 모두 기록한다. 감사일기의 시연은 개인의 부정적 경험을 경감시킬 뿐만 아니라 친구와 가족이 표출한 친절한 행동을 강화시키는 기능을 한다.

새로운 감사의 마음은 기존의 관계를 발전시킨다. 자신이 받은 친절한 행동에 대한 감사의 표출은 긍정적 정서의 표현으로 나타난다. 왜냐하면 이런 표현은 지속적인 감사의 마음과 무관하지 않기 때문이다. 이와 같이 감사편지와 감사방문도 깊은 긍정적 정서를 유발한다.

긍정적 정서는 변형성 순간으로 이어진다. 감사편지의 질, 표출 음색 등은 웰빙 향상에 크게 도움이 된다(Toepfer & Walker, 2009). 자기 자신과 다른 사람의 성격강도 특성의 발견은 자신과 다른 사람의 가치 인지에 큰 도움이 될 수 있다. 감사일기와 감사방문은 자신의 웰빙에 긍정적인 영향을 준다. 또 그것은 자신의 부정적 행동이 발견되면 그것을 긍정적으로 변화시키는 기능도 한다. 긍정적 정서의 중요성을 과소평가하는 사람들은 정서의 신장이 곧 심리치료의 효과로 이어진다는 사실을 이해하지 못한다.

둘째, 긍정적 평가를 한다. 자기 스스로 긴장을 해소하고 치료적 관계를 형성하며 자신의 강점을 탐색해서 실용적 지혜 전략을 습득한다. 이와 같은 과정을 통해 부정적 경험도 긍정적으로 해석하게 된다(Watkins et al., 2008).

여기서 자기 스스로 부정적 기억을 반성해 보고 그것을 보다 의미가 있고 정서적, 인지적 의미로 재해석하게 된다. 더 나아가서 부정적 기억을 중성적인 기분으로 해석하고 그것을 마음속에 저장하게 된다. 긍정적 평가를 통해 부정적 경험과 긍정적 경험을 연합시키는 것이 무엇보다도 중요하다.

셋째, 치료 기록을 남긴다. 긍정적 심리치료에서 긍정적 평가의 기능을 촉진시키는 것은 회고와 기록이다. 긍정적 입문과 감사편지는 자기에게 유익한 정보가 된다. 외상적 사건에 대한 기록에는 많은 유익성이 담겨 있다(Pennebaker, 1997). 부정적 사건과 긍정적 사건에 대한 기록을 통해 자신이 경험한 사건을 보다 깊이 이해할 수 있다.

넷째, 긍정적 심리치료의 기반은 자원활동화 모델(Flückiger & Grosse Holtforth, 2008)에 있다. 이 모델에 따르면 긍정적 심리치료는 개인이 선천적으로 타고난 자원—즉, 개인의 강도, 능력 그리고 준비성—을 문제해결을 위해 활용한다. 긍정적 심리치료는 감사방문 등과 같은 활동을 통해 얻은 자신의 강도 특성을 발견하는 과정이다. 이는 자신의 강도를 통해 문제해결을 위한 현실적 경험을 얻게 된다.

다섯째, 긍정적 심리치료의 효과는 여러 경험적 연구 결과에 의하여 입증되었다. 이에 대한 주요 연구 결과 18가지를 선별하여 〈표 1-1〉에 소개한 바 있다. 여기에 소개된 연구 결과는 문화적 환경이 다르고 다양한 임상집단(우울증, 불안, 경계선급 성격장애, 정신병 등)에서 얻어진 것임을 밝힌다. 대부분의 연구는 개별보다는 집단을 대상으로 수행된 것들이다. 여기에 소개된 연구 대상은 캐나다, 한국, 칠레, 프랑스, 스페인, 오스트리아 등 여러 상이한 문화적 환경에서 수집된 것이다.

긍정적 심리치료에 의해 우울증의 증후는 크게 감소되고 웰빙 수준은 증가하는 것이 뚜렷하게 나타나 있다. 또 인지치료나 행동치료에 비해 웰빙 수준이 현저하게 신장되었음을 발견할 수 있다. 물론 이 치료 효과를 개관함에 있어서 연구표집이 다른 심리학적 연구에 사용된 피험자보다 매우 제한되어 있다는 점을 고려해야 한다.

04

긍정적 심리조정

● ● ● ● ● ●
긍정적 심리조정

긍정적 심리조정(Positive Psychology Intervention: PPI)은 개인의 웰빙과 긍정적 정서를 향상시키는 과학적 치료 수단이며 책략이다(Bolier et al., 2013). 심리조정의 대상은 매우 다양하다. 우울증, 불면, 섭식장애, 자살, 행위장애 등이다. 긍정적 심리조정에는 개인의 성격강도, 특히 감사, 희망, 친절의 수준을 향상시키는 기능이 있으며, 문화적 배경과 무관하게 널리 활용된다.

개인의 사회적 의사소통의 기술은 긍정적 심리조정의 대상이다. 그 외에도 많은 인간행동이 긍정적 심리조정의 대상이 된다. 몇 가지만 골라 보면 다음과 같은 것들이다.

세이버링(savoring)은 마음챙김 상태의 경험과 매우 유사하며,

이는 특히 우울증과 기분장애 치료에 효과가 크다. 세이버링은 개인의 감각적 경험, 정서적 경험의 세계와도 밀접한 관계가 있다(Bryant, 2003). 1975년에 태어난 미국의 라디오 평론가이자 연설자인 Steve Maraboli가 이런 말을 했다. "네가 행복하기를 원한다면 감사의 마음을 가져라." 감사할 줄 모르는 사람은 행복할 수 없다. 감사의 마음은 감사하는 사람이나 그 마음을 받는 사람 모두에게 긍정적 마음을 일으킨다. 감사하는 마음은 우리의 행복함과 만족감을 충족시킨다. 강한 긍정적 정서는 긍정적 감정을 유발하는 것과 크게 다르지 않다.

행복한 사람의 마음속에는 친절의 감정이 자리 잡고 있다. 자비심은 애인에게는 사랑의 표시가 되고 토큰이 된다. 모든 친절은 극히 사소한 것일지라도 개인의 행복과 긍정성의 감정을 강화시킨다. 불필요한 물건일지라도 남을 위해 사는 경우가 있는데, 이것은 친사회적 소비이다. 노숙자에게 식사를 제공하는 것도 이 부류에 속한다. 이때 지불한 액수 자체는 문제가 될 수 없다.

대인관계에서 동정심은 긍정적 정서를 신장시킨다. 개인의 행복과 내적 평화를 위해 건전한 사회적 유대관계는 꼭 필요하다. 동정심은 자연발생적 산물이 아니기 때문에 개인의 노력이 수반되어야 한다. 이를 위해 명상도 하고 마음챙김훈련도 한다. 그것을 통해 자기와 타인의 관계를 이어 주는 건전한 교량의 역할을 한다.

많은 사람은 현실 생활에서 행복감을 충족시킬 수 있다. 실제 치료 장면에서는 자발적으로 자신의 건강 상태의 변화에도 큰 관심을 갖는다. 이때 자신의 생활은 항상 행복하다고 생각하는 것이 무

엇보다도 중요하다(Seligman, Rashid, & Parks, 2006). 이를 통해 자신
의 행복한 생활, 자신의 성격강도, 성취업적도 점검해 볼 수 있다.

긍정적 심리학에서 성격강도는 개인의 내적 능력이며 가치이다
(Parks & Biswas-Diener, 2013). 자기 스스로 자신의 성격강도에 대
한 지식을 갖는 것은 치료에 큰 도움이 되고 우울증의 증후를 경
감시키며 자기만족감의 수준을 신장시켜 주는 기능을 한다. 개인
은 자기의 생활에서 의미 있는 것을 탐색하게 되는데 이에 필요한
수준은 긍정적 심리조정의 기술에서 습득할 수 있다.

삶의 목표가 뚜렷한 사람일수록 행복하고 삶에 대해 만족 수준
도 높다. Abraham Maslow의 욕구계층이론에 따르면 인간의 높은
욕구는 자기성장 욕구와 자기존중 욕구이다. 이는 참된 삶의 의미
를 발견하는 데 가장 기본적인 요소이다.

의미 중심의 긍정적 심리조정의 목표는 개인이 자신의 생활에
서 참된 의미를 발견하는 것과 현실적 목표를 갖고 그것을 성취하
도록 돕는 데 있다. 의미 중심의 긍정적 심리조정의 기술은 외상
후 스트레스장애와 같은 스트레스 장애 치료나 천재지변의 후유
증 치료에도 큰 도움이 된다(Folkman & Moskowitz, 2000).

긍정적 심리조정과 긍정적 심리치료

긍정적 심리조정은 긍정적 심리치료의 기반이 된다. 〈표 4-1〉을
보면 그 관계를 보다 잘 이해할 수 있다.

〈표 4-1〉 임상장면에서의 긍정적 심리조정

연구자 및 출처 (*)	임상적 증후와 PPT	설명	결과
(1)	심장병 감사표출 감사편지 좋은 자기상 세 가지 친절	8주간 PPI훈련 심장병 치료	PPI조정 급성환자는 PPI 조정 효과가 크다.
(2)	양호 스트레스 성격강도 지속적 기도 감사방문 문제해결을 위한 강도활용	뇌성마비 환자(정형외과, 정신적 외상과 한 자)의 부모와 간호사가 4주간에 걸쳐 치료	4회에 걸친 치료를 받은 후 양친에 대한 스트레스 수준은 떨어지고 행복 수준은 높아진다. 치료 중에는 사회적 지지를 받고 있다는 수준이 높아지거나 치료 종료 후에는 그 수준이 떨어진다.
(3)	우울증 성격강도	MDD 환자 34명을 16주간 베댐치료를 한다. 한 집단은 강도를 중심으로 치료를 하고, 한 집단에는 CBT에 접순치료를 추가한 치료를 한다.	강도 중심의 치료를 받은 환자는 접순치료를 받은 환자에 비해 증후 변화가 크게 나타났다.

(4)	불안	(치료를 위해) 개인의 강도 능력, 준비성을 통합	치료 조기에 환자의 능력을 평가한다. 그리고 그것이 치료 후에 어떤 영향을 주는가 평가한다.	능력에 역점을 둔 치료는 긍정적 치료 효과가 크다. 웰빙 수준이 급격하게 증가한다. 치료자의 배경과는 무관하다.
(5)	우울증	매일 행복 감사 이야기 낙관적 사고 방법 개발 심미 호기심	지역사회 양로원 생활자 65~105세 74명을 9주간 집단으로 PPI 치료	우울증이 중추는 경감되고 행복 만족도는 향상된다.
(6)	두부 손상		뇌 손상자 10명을 랜덤하게 조정그룹과 통제 그룹에 배당	12주 조정집단의 행복 수준이 증가하고 자기개념이 향상된다.
(7)	구실	감사방문 성격강도 최선의 자아 지속적 기도 마음챙김 활동	자살기도자 9명에게 신체적 운동을 시키고 그 효과를 평가	신체적 운동의 효과가 감사, 개인의 강도와 PPI의 효과로 현저하게 나타난다.

(8)	우울증 불안 물질도용 감사 친절	심리치료 내기자 48명에게 10주간의 개별치료를 실시	PPI에 의해 감사 표시가 풍부해진다. 감사와 친절치료를 통해 유대감, 일상생활의 만족, 낙관성이 증대된다. 불안 수준은 몰라세료 집단에 비해 현저하히 증가된다.
(9)	당뇨병 긍정적 사건에 대한 감사편지 친절	개념의 근원 연구에서 60세 연령층 당뇨병 환자와 심장병 위험이 있는 환자 15명에게 PPI 연습	긍정적 정동, 낙관주의, 웰빙 수준이 높은 후자의 건강 상태는 만성 당뇨병 환자와의 수준과 비슷하다.
(10)	행위문제자 투약 PERMA에 기초한 행동과 과제수행은 선행생활모넬과 일치	PPI, 긍정적 제수감 프로그램(지역사회 내의 제적응을 촉진시키는 효과가 있음)을 매주 강의, 토론	감사, 희망, 생활만족의 수준이 훈련 전과 후 크게 달라진다.
(11)	우울증 생각기록 선행에 대한 긍정적 피드백 감사편지	53명의 MDD 환자에게 8주간 PPI훈련 지료받지 않는 통제집단	PPI집단의 우울증 수준이 현저하게 저하하고 희망척도의 점수는 크게 증가한다.
(12)	우울증 감사편지 선행 실천	6주간의 예비프로그램에서 우울증후가 투렷한 76명의 환자에게 조정훈련을 시킨다. 선행계획을 세우고 감사편지를 쓰게 한다.	6주간 정신건강훈련을 시켰다. 신체적 건강과 일상활동의 수준이 크게 향상된다.

(13)	현재지변에 따른 우울증 희망조정 목표 찾기 계획 동기강화	30명의 치료환자에서는 치료 효과가 현저하게 나타난다. 이들은 주당 4회에 걸쳐 희망조정훈련을 받는다.	치료 후 치료집단의 우울증 수준은 현저하게 경감된다.
(14)	우울증 감사 심미 성격강도 진절	랜덤통제 후에 MDD로 진단된 환자에게 CBT(n=49), 집단 PPI(n=47)를 실시	두 집단 모두 조정 전후에 큰 변화가 나왔다. 이 두 집단의 치료 효과는 이미 있는 수준은 아니다.
(15)	심장바이패스수술 감사와 용서 지표강도 최선의 자아 긍정적 사회적 관계 빼른 재구성	심장수술을 받거나 혈관치치료를 받은 69명의 환자를 PPI집단이나 혹은 대기집단으로 분류, 위험지수로 측정하고, 7주 후 조정하고 15주 추적조사	7주 후 통제집단과 비교했을 때 PPI집단 감수성은 낮아지고 코르티솔 감성 수준도 낮아진다.
(16)	심장회복 선생 지지 지표강도 최선 자아 감사 표지 진절	심장병 환자 108명을 랜덤하게 뽑아 통제집단 회복집단에 배정	모든 기능을 통제했을 때 웰빙집단과 회복집단에서 부정적 정동 수준은 현저하게 떨어진다.

(17)	정신과 문제 감사편지	심리치료를 원하는 성인 293명 • 통제집단 • 심리치료와 표현 • 심리치료와 감사편지	감사집단에게는 다른 사람에게 감사의 편지를 쓰게 하자, 이 집단은 통제집단에 비해 정신강 수준이 높아졌다.
(18)	식이장애 긍정적 정서신장 성격강도	11~18세의 여성 입원환자 6개월간 추적 조사	75%는 주관적 행복 수준이 신장하였고, 87.5%는 생활만족 수준이 향상되었다.
(19)	졸도 후 회복 감사 표시 친절	6개월 전 뇌 졸도자의 배우자와 간호자 이들 부부는 어느 한쪽 혹은 두 사람이 모두 우울증 증가가 현저하다. 이들은 8주간 PPI 치료, 2주는 혼자서, 2주는 부부가 공동으로 치료에 참가한다.	다섯 부부가 프로그램을 수행한다. 참가자는 8주 가운데 6주는 치료활동에 참가. 이들은 조정에 매우 만족한다.
(20)	만성 동통과 신체적 불구 감사 표시 감사 행동 용서 몰입 간호	척수손상자, 다발성 경화증, 신경근육장애, 폴리오 후 증후군, 만성 동통 환자를 PPI집단과 통제집단으로 분류한다. PPI집단은 개인 치료, 통제집단은 8주간의 생활경험을 기록하게 한다.	PPI집단은 조정 후 현저한 증후 변화 동통강도, 공포, 생활만족에 큰 변화, 이 변화는 75일간 지속되었다.

* 연구자 및 출처

(1) Huffman, J., Mastromauro, C., Boehm, J., Seabrook, R., Friccione, G., Denninger, T., & Lyubomirsky, S. (2011). Development of positive psychology intervention for patients with acute cardiovasular disease. *Heart Interventional, 62*(2), http://doi.org/10.408/7i.2011.e14,0

(2) Fung, B., Ho, S., Fung, A., Chow, S., Lp, W., & Barlaan, P. (2011). The development of a strength focused mutual support group for caretakers of children with cerebral palsy. *East Asian Archives of Psychiatry, 21*(2), 64.

(3) Cheavens, T., Felman, D., Gum, A., Michael, S., & Snyder, C. (2006). Hope Therapy in community sample: A pilot investigation. *Social Indicators Research, 77*, 61–78.

(4) Flückiger, C., & Holtforth, M. (2008). Focusing the therapist's attention on the patient's strengths: A preliminary study to foster a mechanism of change in old patient psychotherapy. *Journal of Clinical Psychology, 64*, 876–890.

(5) Ho, H., Yeung, D., & Kwok, S. (2014). Development and evaluation of positive psychology intervention for older adults. *The Journal of Positive Psychology, 9*(3), 187–197.

(6) Andrewes, H., Walker, V., & O'Neil, B. (2014). Exploring the use of positive psychology interventions in brain injury survivors with challenging behaviour. *Brain Injury, 287*(7), 965–971.

(7) Huffman, J., DuBois, C., Healy, B., Boehm, J., Kashdan, C., & Lyubomirsk, S. (2014). Feasibility and utility of positive psychology exercise for suicidal inpatients. *General Hospital Psychology, 36*(1), 88–94.

(8) Kerr, S., O'Donovan, A., & Pepping, C. (2015). Can gratitude and kindness interventions enhance well–being in a clinical sample? *Journal of Happiness Studies, 16*(1), 17–36.

(9) Huffman, J., Du Bois, C., Millstein. R., Celano, C., & Wexler, D. (2015). Positive psychology interventions for patients with type 2 diabetes: Rationale, theoretical model, and intervention development. *Journal of Diabetes Research, 2015*, 1–18.

(10) Huynh, K., Hall, B., Hurst, M., & Bikos, L. (2015). Evaluation of the positive re–entry in correction program: A positive psychology intervention with prison inmates. *International Journal of Offender Therapy and Comparative Criminology, 59*(9), 1006.

(11) Ko, Y., & Hyun, M., et al. (2015). Effect of a positive psychotherapy program on depression, self-esteem, and hope in patients with major depressive disorders. *Journal of Korean Academy of Psychiatric and Mental Health Nursing, 24*(4), 246.

(12) Lambert, D., Raven, L., Moliver, N., & Thompson, D. (2015). Happiness intervention decreases pain and depression, boots happiness among primary care patients. *Primary Health Care Research & Development, 16*(2), 114-126.

(13) Retnowati, S., Ramadiyanti, D., Suciati, A., Sokang, Y., & Liola, H. (2015). Hope intervention against depression in the survivors of cold lava flood from Merapi Mount. *Procedia-Social and Behavioral Sciences, 165*, 170-178.

(14) Chaves, C., Lópes-Gomez, Z., Hervas, A., & Vazquez, C. (2017). A comparative study of the efficacy of positive psychology intervention and a cognitive behavioral therapy for depression. *Cognitive Therapy and Research, 41*(3), 417-433.

(15) Nikrahan, G., Leferton, J., Asgari, K., Kalantari, M., Etesampour, A., & Huffman, J. (2016). A randomized wait-list controlled pilot trial. *Psychosomatics, 57*(4), 359-368.

(16) Sanjuán, P., Montabetti, T., Pérez-Garcia, A., Bermúdes, J., Arrang, H., & Castro, A. (2016). A randomized trial of positive intervention to promote well-being in cardiac patients. *Applied Psychology: Health and well-being, 8*(1), 64-84.

(17) Wong, Y., Owen, J., Gabana, N., Brown, J., Mcinns, U., Toth, P., & Gilman, L, (2018). Does gratitue writing improve the mental health of psychotherapy clients? Evidence from a randomized controlled trial. *Psychotherapy Research, 28*(2), 192-202.

(18) Harrison, A., Khairulla, M., & Kikoler, M. (2016). The feasibility, acceptability and possible benefit of a positive psychology intervention group in an adolescent inpatient eating disorder service. *The Journal of Positive Psychology, 11*(5), 449-549.

(19) Terrill, A., Einerson, J., Reblin, M., Mackenzie, J., Candell, B., Bers, C., & Richards, L. (2016). Promoting resilience in couples after stroke: Testing feasibility of dyadic positive psychology based interventions. *Archives of Physical Medicine and Rehabilitation, 97*(10), ebz-63.

(20) Müller, R., Molton, I., Terrill, A., Bombardier, C., Ende, M., & Jensen, M. (2016). Effects tailored positive psychology intervention on well-being and pain in individuals with chronic pain and physical disability: A feasibility trial. *The Clinical Journal of Pain, 32*(1), 32-44.

〈표 4-1〉에서 긍정적 심리조정이 임상장면에서 어떻게 활용되는지 이해할 수 있다. 긍정적 심리조정의 기술은 개인의 증후 경감에 큰 도움을 준다. 특히 긍정적 심리조정이 증후 경감에 도움이 된다. 감사, 희망, 친절, 용서 그리고 성격강도의 특성을 고려할 때 긍정적 심리조정은 재활, 졸도, 뇌손상, 당뇨병 그리고 폐암 환자의 치료에 큰 도움이 된다.

긍정적 심리조정은 문화적 차이와 무관하게 전문가들의 관심을 끌고 있다. 〈표 4-1〉에는 긍정적 심리치료가 어떻게 관계되고 있는지도 알 수 있다. 이는 긍정적 심리치료 그 자체가 근거에 기초한 치료방법에 기반을 두고 있기 때문에 보다 효과적으로 그리고 광범위하게 활용되고 있다. 긍정적 심리조정에는 용서, 분노 그리고 불안증후를 효과적으로 치료하는 기능도 있다.

● ● ● ● ● ● ●
Martin Seligman의 PERMA 모델

성격강도의 특성은 심리치료 검사(*Positive Psychotherapy Inventory: PPI*)에 의해서 측정된다. 〈표 4-2〉를 참고하기 바란다.

〈표 4-2〉 긍정적 심리치료 검사

● 평가방법

다음 문항을 읽고 이것이 나의 특성과 얼마나 일치하는지 그 정도를 평가척도에 따라 평가한다.

- 내 생각과 완전히 일치한다고 판단되면   5
- 내 생각과 다소 일치한다고 판단되면   4
- 내 생각과 일치하는 정도가 중간 정도로 판단되면   3
- 내 생각과 다소 다르다고 판단되면   2
- 내 생각과 전혀 다르다고 판단되면   1을

□ 칸에 기록한다.

문항	P	E	R	M	A
1. 나는 즐겁다.	□				
2. 나는 나의 특성을 잘 안다.		□			
3. 나는 정기적으로 만나는 사람과 깊은 관계를 이어 간다.			□		
4. 나는 사회를 위해 무슨 일을 할 수 있을지 생각한다.				□	
5. 나에게는 야심이 있다.					□
6. 나는 다른 사람에게 행복해 보인다.	□				
7. 나는 나의 특성에 도움이 되는 행동을 한다.		□			
8. 나는 내가 사랑하는 사람과 가깝다고 생각한다.			□		
9. 나의 삶에는 목적이 있다고 생각한다.				□	
10. 다른 사람의 행동은 나의 목적 달성을 위해 도움이 된다.					□
11. 나는 내가 좋은 일을 하면 감사하게 생각한다.	□				
12. 내가 어려움을 해결하기 위해 내 특성을 활용한다.		□			
13. 나는 내가 어려움에 빠졌을 때 도와주는 사람이 있다.			□		
14. 나는 종교적 활동에 참여한다.				□	

15. 나의 일상생활에서 선한 일을 많이 했다.				☐
16. 나는 긴장을 느끼지 않는다.	☐			
17. 내가 일을 할 때 나의 특성을 활용하면 주의가 잘 집중된다.		☐		
18. 나의 성장을 도와주는 사람이 있다.			☐	
19. 큰일에 도움이 되는 일을 한다.				☐
20. 내가 목표를 설정하면 그것을 성취할 수 있다.				☐
21. 나는 기운차게 웃는다.	☐			
22. 나의 장점을 살리는 일을 할 때면 시간이 빨리 지나간다.	☐			
23. 나의 심정을 이해해 주는 사람이 한 사람은 있다.			☐	
24. 진심으로 남을 돕는다.			☐	
25. 새로운 목적을 설정하면 활력이 생긴다.				☐

● 채점기준 및 결과의 해석

척도	채점	PERMA의 의미
1. 긍정적 정서(P)	1, 6, 11, 16, 21	만족감, 프라이드, 태연, 희망, 낙관성, 믿음, 감사의 긍정적 정서의 경험
2. 관여(E)	2, 7, 12, 17, 22	자신의 특성으로 낙관적 경험을 이룩하고, 강력한 주의집중에서 오는 낙관적 경험을 해 보고, 보다 큰 발견을 위한 행동에 깊이 빠져들고 싶은 욕망
3. 관계(R)	3, 8, 13, 18, 23	긍정적이고 안전하고 믿음직한 관계 형성
4. 의미(M)	4, 9, 14, 19, 24	보다 큰일을 이룩하기 위해 어떤 일에 소속하고 싶다.
5. 성취(A)	5, 10, 15, 20, 25	자신을 위해 성공하고 성취하고 싶다.

□에 있는 총점(25~125)을 산출하여 자신의 점수를 계산한다.

자신의 점수를 임상집단, 비임상집단의 점수와 비교한다.

범위	임상집단	비임상집단	자기 점수
P (5~25)	14	21	
E (5~25)	16	21	
R (5~25)	14	22	
M (5~25)	14	19	
A (5~25)	18	21	
총점 (25~125)	76	104	

이 질문지는 Martin Seligman의 PERMA 모델에 기초하고 있다 (Seligman, 2002, 2012). 이 모델은 5개의 요인으로 구성되었는데 이는 모두 과학적으로 측정 가능하고 조정 가능하다.

- 긍정적 정서(Positive Emotion: P)
- 연대성(Engagement: E)
- 관계성(Relationship: R)
- 의미(Meaning: M)
- 성취(Achievement: A)

★ 긍정적 정서

긍정적 정서는 개인의 행복에서 큰 비중을 차지한다. 이 웰빙 차원은 개인이 과거, 현재 그리고 미래에 경험하게 되는 긍정적 정서의 특성을 의미한다. 개인은 이 정서의 수준을 증대시켜 그 상태를 보다 장기간 지속시킬 수 있어야 한다.

긍정적 정서는 표면적이고 일시적인 현상처럼 보이나 이는 사고의 본질적 과정이며 영구적 과정이다. 긍정적 정서는 창의적 사고의 근원이다. 긍정적 정서는 우리의 행동에 많은 긍정적 영향을 주고, 개인의 부정적 행동을 조정하여 정상적 행동으로 회귀시키는 기능을 한다. 더 나아가서 긍정적 정서는 개인의 장수, 결혼만족, 우정 그리고 수입증대를 촉진시키는 동력으로 작용한다.

개인의 긍정적 정서는 개인의 신체적 건강을 촉진시킨다. 특히 심장병과는 깊은 관계가 있다. 긍정적 정서는 개인의 생활습관, 흡연, 비만, 고혈압 그리고 운동습관의 질을 조절한다. 이와 같은 주장은 객관적 연구 자료에 의해 입증되었다. 한 가지 입증자료를 살펴보자. 펜실베이니아 대학교 연구팀은 신체검사 결과와 디지털 트위터 자료와의 관계를 분석하였다. 이 결과에서 분노, 스트레스 그리고 피로 등을 호소하는 집단에서는 심장병의 발병 빈도가 높으나 낙관적 정서집단에서는 심장병의 발병 위험이 매우 낮다는 사실이 밝혀졌다.

✵ 연대성

연대성이 높은 사람에게는 여러 가지 특성이 있다. 보다 좋은 대인관계를 가지기 위해 다방면으로 노력하고, 주위에서 일어나는 일에 깊은 관심을 갖는다. 그리고 보다 적극적으로 여가활동에 참가한다.

웰빙을 구성하는 주요 차원인 연대성의 개념은 이탈리아 출생의 미국 심리학자인 Mihaly Csikszentmihalyi(1934~)의 몰입의 개념을 기초로 한 것이다. 몰입은 자신이 일을 수행하는 과정에서는 시간이 가는 것도 모르며 자신이 하는 일에만 정신을 집중하는 상태로서 한 가지 일에 온갖 정신을 집중한 상태를 의미한다.

연대성은 내담자 개인의 성격 지표강도의 활용을 통해 그 특성은 크게 강화된다. 긍정적 심리치료에서 내담자는 자신의 지표강도를 활용해서 자신의 연대성을 강화할 수 있다. 하지만 이는 암벽등반, 농구, 예술작품 창작, 음악 그리고 미술작품을 만들어 내는 것과 같이 많은 시간을 요한다. 이는 감각적 쾌감과는 다르다. 감각적 쾌감은 보다 쉽게 소진될 수 있지만 연대성의 감정은 장시간 지속되며 많은 사고를 요한다. 또 그것은 쉽게 관습화되지 않는다.

연대성의 감정에는 피로, 권태 그리고 우울증을 방어하는 기능이 있다. 쾌감상실증, 냉담, 권태감 그리고 안절부절못함 등은 모두 심리적 장애의 지표로써 이들은 모두 주의 기능의 손상과 관계가 있다. 강한 연대감은 권태감과 반복증의 동기를 경감시키는데,

이는 직면한 과제를 성공적으로 수행하고자 하는 동기의 표출로
서 주의 기능을 각성시킨 결과이다.

✦ 관계성

관계성의 차원은 개인이 갖는 긍정적이고 안전하며 믿음직한
대인관계와 깊은 관계가 있다. 근본적으로 사람들에게는 누구에
게 소속하고 싶은 욕구가 있는데 이는 인류의 진화과정을 통해 자
연선택에 의해 그 특징이 결정된다. 긍정적이고 안전한 대인관계
는 웰빙 감각과 매우 높은 상관관계가 있다.

이와 같은 사실은 *American Time Use Survey(ATUS)*의 실증자
료에 의해 그 타당성이 입증되었다. ATUS는 미국의 근로통계국과
여론조사국의 도움을 받는 기관으로 미국인의 여러 가지 활동, 여
가활동, 육아 그리고 가정관리 등에 보내는 시간을 조사하는 기관
이다.

이들의 조사 결과에서 대인관계는 양적인 특성보다 그 질적 특
성이 더 중요하다. 즉, 얼마나 많은 친구 보다는 얼마 동안 시간을
보내는지가 더 중요하다. 부모, 친구, 교사로부터 사회적 지지를
받는 아이들은 비교적 우울증이나 불안으로 고통받는 빈도가 낮
다. 사회적 지지의 의미에 넓은 뜻이 내포되어 있다. 그것은 단순
히 정신병으로부터 아이들을 보호하는 것만이 아니라 더 나아가
서 그들의 장수와도 깊은 관계가 있다.

★ 의미

의미의 차원은 자기보다 더 높은 그룹에 소속되어 봉사하고 싶은 특성을 말한다. 의미의 의미를 개척한 오스트리아의 심리학자인 Viktor Frankl(1905~1997)은 1963년에 출간한 그의 저서 『인간의 의미 탐구(*Men's search for meaning*)』에서 "행복은 개인이 바란다고 해서 얻어지는 것이 아니다. 그것은 자기 자신보다 더 큰 목적을 위해 사심 없이 일한 결과"라고 말했다.

보다 큰 목적을 성공적으로 추구하는 사람은 의미 있는 삶을 성취할 수 있다. 이는 친밀한 대인관계, 예술적, 지적 혹은 과학적 탐색, 철학적 혹은 종교적 사고, 사회적 혹은 환경적 활동, 생업으로써의 생애경험, 영성 혹은 독자적 명상 등과 같은 여러 가지 방법으로 성취할 수 있다. 의미는 어떤 방법으로 추구하든 그것을 통해 우리는 스스로 만족감을 경험할 수 있고, 자신이 보람 있는 삶을 살았다는 것을 스스로 경험할 수 있다.

뇌손상 환자라 할지라도 보다 큰 인생의 목적을 가지면 보다 쉽게 회복할 수 있다. 치료자는 치료를 통해 환자에게 자신의 삶의 목적을 갖게 하고 그것을 성취할 수 있게 도움을 줄 수 있다. 환자가 의미감각과 목적감각 수준이 높을 때 실망감과 통제불능감에서 오는 고통을 경감시킬 수 있다.

✦ 성취

개인의 성취감은 객관적이고 구체적인 달성, 승진, 메달 혹은 포상에 의해서 평가된다. 성취의 본질은 주관적인 성취욕구, 진급 그리고 궁극적으로는 개인 및 대인관계의 성장욕구로 이어진다. 웰빙의 PERMA 모델에서 성취는 우리에게 만족감과 충족감을 수행하는 강도, 능력, 재능 등을 향상시키는 데 도움을 준다. 성취는 강도를 보다 적극적이고 전략적으로 활용할 필요가 있다.

● ● ● ● ● ● ●
긍정적 심리조정의 치료 효과

앞에서 긍정적 심리조정의 기술이 가지는 치료적 우월성을 소개하였다. 실증적 치료 효과에 대한 자료는 〈표 4-3〉과 같다.

〈표 4-3〉 긍정적 심리조정의 효율성

연구자 및 출처 (*)	개관	결과
(1)	메타분석: 51개의 PPI 4,266건의 검사 결과 PPI의 효과 및 임상가를 위한 시연지침	PPI조정에 의해 웰빙은 향상(r=0.5)되고, 우울증 증후는 경감된다(r=0.31).
(2)	메타분석: BA가 웰빙에 주는 효과 연구 1,353명의 피검자가 참여한 20개의 결과 분석	BA와 통제조건 실험에서 효율효과의 크기(Hedge g) 0.52 BA는 임상적 비임상집단의 웰빙 향상에 크게 도움이 된다.
(3)	개관: 9개 집단에게 강도분류법을 교육시키고 그 결과를 통제 집단과 비교	피험자에게 장자의 계획을 수립하고 미래의 목표를 설계했을 때 조정의 효과는 현저하게 나타난다. 목표에는 자신의 동기, 자발성이 포함된다. 조정이 깊수록 효과는 보다 크다.
(4)	메타분석:	주관적 웰빙 0.34, 심리적 웰빙 0.20, 우울증 0.23으로 PPI의 효과는 별로 크지 않다.

(5) 체계적 개관:
마음챙김 상태, 긍정적 정서, 정신적 조정, 희망치료, 의미부여가 포함된 16개 연구 결과에 조절을 둠
유방암 환자에게 PPI를 실시하고 그것이 환자에게 긍정적 효과를 준다는 사실을 발견한다.

(6) PPI 상담집단에게 심의, 감사, 동정과 같은 강도가 어떤 조건하에서 언제 PPI의 효과가 작용하며 어떤 사람에게 그 효과가 나타는가를 탐색
PPI는 웰빙에 큰 도움을 준다.
시간, 문화와 같은 요인이 웰빙 수준에 큰 영향을 준다.

(7) 비판적 개관:
11개의 연구에서 정신병 위험이 높은 환자에게 강도 증심이 기료 효과를 검증
긍정적 극복 기술과 탄력은 심리적 스트레스 수준을 저하시킨다.
탄력 기능의 상승은 정신병 위험이 있는 환자의 정신건강 수준을 증대시킨다.

(8) 효율성 개관:
10,664명을 대상으로 40개의 PPI결과에서 REACH 요인의 유용성을 검증
RE-AIM의 수준이 크게 달라진다.
R - 64%
E - 73%
A - 84%
I - 58%
M - 16%

(9) 개관:
정서 조정의 과정 모델을 사용해서 125개의 연구를 개관한다.
친절, 최선의 자아, 감사, 감사방문, 목표 설정, 희망
긍정적 정서는 장단기 확대(사태선택, 사태 조정, 인지적 변화, 반응조절)에 의해 형성된다.
이 연구는 임상가의 행복진료 향상에 필요한 검찰이의 역할을 한다.

(10) 여러 가지 역경 치료 후에 나타나는 변화를 탐색
12 랜덤화 연구 결과를 PGD 측정치와 비교

· PGT의 효과가 현저하게 증가한다.

(11) PP의 효과를 측정한다. 이는 치매 집단의 진단가능성을 발전하는 네 목적이 있다.

회복, 자기 효험, 종교, 영성, 생활평가, 일관성, 자율성 등에서
16 PP 결과 측정 도구 발전

이는 PPI의 심리측정분석의 정당성을 입증하는 네 주요한 지침이 된다.

(12) 개관:
신체적 문제의 진단에 PPI 응용의 적법성을 개관

PPI는 신체적 문제를 다른 임상적 문제에 활용 가능성을 추구하는 기초가 된다.

PPI는 암, 심장병, 당뇨병 진단에 효과적으로 사용된다.

* 연구자 및 출처

(1) Sin, N., & Lyubomirsky, S. (2009). Enhancing well-being and alleviating depressive symptoms with positive psychology interventions: A proactive friendly meta-analysis. *Journal of Clinical Psychology, 65*, 462-485.

(2) Mazzucchelli, T., Kane, R., & Rees, C. (2009). Behavioral interventions for well-being: A meta-analysis. *The Journal of Positive Psychology, 5*(2), 105-121.

(3) Quinlan, D., Swain, N., & Vella-Brodrick, D. (2012). Character strength interventions: Building on what we know for improved outcomes. *Journal of Happiness Studies, 13*(6), 1145-1163.

(4) Bolier, L., Haverman, M., Westerhof, G., Ripper, H., Smit, F., & Bohlmeijer, E. (2013). Positive psychology interventions: A meta-

analysis of controlled studies. *BMC Public Health, 13*, 119.

(5) Casellas-Grau, A., Front, A., & Vives, J. (2014). Positive psychology interventions in breast cancer: A systematic review. *Psycho-Oncology, 23*, 9-19.

(6) D'raven, L., & Pasha-Zaidi, N. (2014). Positive psychology interventions: A review for counselling practitioners. *Canadian Journal of Counselling and Psychotherapy, 48*(4), 383-408.

(7) Drvaric, L., Gerritsen, C., Rashid, T., Bagby, K., & Migrabi, R. (2015). High stress, 1000 resilience in people at clinical high risk for psychosis: Should we consider a strength based approach? *Canadian Psychology, 53*(3), 332-347.

(8) Hone, L., Jarden, A., & Schofield, G. (2015). An evaluation of positive psychology intervention effectiveness trials using the re-aim framework: An practical-friendly review. *The Journal of Positive Psychology, 10*(4), 303-322.

(9) Quoidbach, J., Mikolajezak, M., & Gross, J. (2015). Positive interventions: An emotion regulation perspectives. *Psychological Bulletin, 14*(3), 655.

(10) Roepke, A. (2015). Psychosocial interventions and post-traumatic growth: A meta-analysis. *Journal of Consulting and Clinical Psychology, 83*(1), 129-142.

(11) Stoner, C., Orrel, M., & Spector, A. (2015). Review of outcome measures for chronic illness, traumatic brain injury and older-adults. Adaptability in dementia? Dementia and geriatric. *Cognitive Disorder, 40*(5-6), 340-357.

(12) Macaskii, A. (2016). Review of positive applications in clinical medical populations. *Healthcare, 4*(3), 66.

〈표 4-3〉에는 긍정적 심리치료의 효율성을 입증하는 두 가지의 메타분석 결과가 소개되어 있다. Sin과 Lyubomirsky(2009)는 51명의 임상집단과 동수의 정상인에서 얻은 긍정적 심리조정 자료를 분석하여 "중간 정도의 우울증 증후가 현저히 경감되고(r=0.31), 웰빙 수준이 현저히 증가하였다(r=0.29)"는 결과를 얻었다.

Bolier 등(2013)이 6,139명에 실시한 긍정적 심리조정의 결과에서는 우울증의 치료에는 약간 성공한 편이다(r=0.23). 웰빙 수준은 중간 정도의 치료 효과(r=0.34)가 있다는 사실이 밝혀졌다.

Hone 등(2015)은 우울증 환자 50명에게 긍정적 심리조정을 실시하고 그 결과를 RE-AIM 틀에 맞춰 분석하였다. RE-AIM은 도착(Reach: R), 효율성(Efficacy: E), 순응(Adaptation: A), 수행(Implementation: I) 그리고 유지(Maintenance: M)의 특성을 측정한다. 그 결과 R은 64%, E는 73%, A는 84%, I는 58% 그리고 M은 16%로 모두 의미 있는 변화가 있음을 발견하였다. 그 외에도 긍정적 심리조정의 치료에 의해 신체적 건강관리 습관에 긍정적 변화를 경험한 사람도 많이 있다는 사실이 밝혀졌다.

05

VIA 성격강도 분류체계

성격강도와 덕목

VIA(Value in Action)는 Manuel, D.와 Rhoda Mayerson이 공동으로 설립한 비영리 연구기관이다. 이들의 일차적 목적은 성격강도에 대한 과학적 지식체계 확립이었다. 이 기관의 책임자 Neal Mayerson은 이 기관의 설립 취지에 맞게 일차적으로 성격강도와 덕목의 분류체계를 만드는 작업에 착수하였다.

이를 위해 그는 2000년 9월 일차적으로 펜실베이니아 대학교 심리학 교수인 Martin Seligman을 VIA 과학부서의 총책임자로 임명하는 한편, 미시간 대학교 심리학 교수인 Christopher Peterson을 연구부서의 책임자로 임명하였다.

두 사람은 3년 동안의 연구 결과를 바탕으로 성격강도와 덕목의 새로운 분류체계를 완성하였는데 이것이 곧 『성격강도와 덕목(*Character strengths and virtues*)』(Peterson & Seligman, 2004)이다. 이는 『건강매뉴얼(*Manual of Sanity*)』로 학계에 소개되었다. 새로운 분류체계의 출현으로 인간행동의 측정과 분류는 대변혁을 피할 수 없게 되었다. 이 분류체계는 전통적 분류측정이나 분류체계와 크게 다르다. 그들은 『정신질환의 진단 및 통계 편람(*Diagnostic and Statistical Manual of Mental Disorders: DSM*)』이나 『국제질병분류매뉴얼(*International Classification of Disease: ICD*)』과 같이 질병 혹은 이상행동보다는 긍정적 특성을 측정하고 분류하는 데 역점을 두었다.

이 매뉴얼에는 인간의 부정적 행동 특성보다 긍정적 행동 특성, 예를 들면 성격강도(character strength)와 덕목(virtues)의 특성을 연구·분류하고 측정한 결과가 수록되어 있다. 주요 성격강도와 덕목과 그 기능은 〈표 7-1〉에 수록되어 있다. 참고하기 바란다.

● ● ●
덕목

덕목의 개념은 복잡하고 질이 다른 요소를 내포하고 있다. 하지만 그 내용을 살펴보면 문화적 차이에도 불구하고 공통되는 점을 쉽게 발견할 수 있다. 덕목은 행복의 필수조건이다. 행복은 덕망 있는 삶을 요구한다. 이와 같은 주장은 Socrates(BC 470~399), Platon(BC 427~347) 그리고 Aristoteles(BC 384~322)가 공통적으로 주장했던 것이다. 공자(BC 551~479)는 개인의 삶은 원만한 사회적 관계가 보장되어야 한다고 주장하였다.

덕목은 보다 넓은 세상을 관조하는 기능이다. 사람은 누구나 성공하기를 원한다. 그것은 개인의 행복만을 추구하기 위한 것이 아니라 다른 사람의 행복은 물론 웰빙까지도 생각한다. 개인의 성공은 다른 사람의 웰빙과 밀접한 관계가 있다.

덕목은 여러 가지 성격강도와도 깊은 관계가 있다. 개인의 성격강도는 선천적으로 타고난 개인 특유의 속성이지만 그것은 학습이나 사회적 환경 그리고 교육에 의해 크게 변한다.

덕목은 인간이 가지는 도덕성의 상위개념이다. 도덕적으로 인정되는 사람은 높은 가치를 지닌 사람으로 그들은 성실하고 용기가 있으며 용서하는 마음을 가진다. 덕목은 여러 유목으로 구성되어 있다. 중요 덕목 및 성격강도와 그 기능은 〈표 7-1〉에서 쉽게 알아볼 수 있다.

✱ 지혜와 지식

지혜와 지식은 삶에 필요한 지식 습득과 그것을 활용하는 인지적 특성이다. 심리학적 용어를 쓰면 인지적 강도이다. 지혜와 지식에는 인지적 기능이 내재되어 있다. 사회적 지능, 공정성, 희망, 유머 그리고 영성 같은 것이 이에 속한다. 이것을 보면 왜 철학자들이 지혜 혹은 이성을 인간의 주요 덕목으로 생각하였는지를 이해할 수 있다. 여기에는 주요한 성격도 물론 내포된다.

지혜의 특성은 넓은 범주에서 보면 IQ나 학구적 능력과 크게 다르지 않다. 하지만 그들이 같은 의미를 갖는 것은 아니다. 지혜는 일종의 지식이지만 그것은 독서, 전문적 강의에서 얻어지는 것만은 아니다. 지혜는 자신의 노력이나 다른 사람들과의 상호작용을 통해서 얻어진 것일 수가 있다.

권위가 인정된 지혜에 대한 연구자들의 견해를 들어보자. Kramer, D. A.는 『*Journal of Social and Clinical Psychology*』(2000, 83-101)에 발표한 그의 논문에서 지혜는 인간 강도의 근원이라고 전제하고 지혜는 인간의 삶과 문제에 대한 매우 넓고 깊이가 있는 지식이라고 설명하였다. Berlin Max Planck Institute의 연구자들은 지혜를 문제해결을 위해 정확한 판단을 하고 조언하는 것이라고 주장하였다. 독일 출생의 미국 심리학자인 Erik Homburger Erikson(1902~1994)은 성인의 최종 심리사회적 단계의 바람직한 해결의 결과를 가져오는 것이 지혜라고 보았다.

✴ 용기

용기는 일상생활에서 느끼는 공포를 반격하는 기능으로 그 표출 형태는 문화적 환경에 따라 다르다. "공포를 극복하는 능력은 겁에 질리거나 무기력해지는 것보다 값이 있다." 이 말은 프랑스의 철학자 André Comte-Sponville(1952~   )이 2001년에 출간한 그의 저서 『위대한 덕목에 대한 보고서(*A small treatise on the great virtues*)』에 기록되어 있다. Putnam, D.는 『*Philosophy, Psychiatry and*

Psychology』(1997, 1-11)에 발표한 그의 논문에서 세 가지 유형의 용기(신체적, 도덕적 그리고 심리적)를 들어 자세히 설명하고 있다.

신체적 용기는 자기 자신이나 남을 위험에서 보호하기 위해서 신체적 위험을 극복하는 것이다. 도덕적 용기는 친구를 잃었거나 직장에서 해고될 위험이 있는 사람에게 베푸는 윤리적 행동이다. 심리적 용기는 질병에 걸리거나 잘못된 습관에 빠지게 될 위험을 슬기롭게 방어하는 것이다.

용기는 단순히 외부에 표출되는 것이 아니고 인지, 정서, 동기 같은 내면적 · 심리적 기능과도 깊은 관계가 있다. 용기는 흔히 신체적인 것이나 전쟁터에서 표출되는 용맹성을 생각하게 된다. 하지만 참된 용기의 의미는 추상적으로 표출되는 것이 많다. 즉, 자신이 내적 혹은 외적 어려움에 직면하면 그것을 극복해야 되겠다는 마음이 생긴다. 그 힘이 곧 용기이다. 인간이 어떤 어려움에 직면하게 되면 그것을 회피하려는 사람이 있는가 하면 그에 부딪치는 사람도 있는데, 그 원인은 개인이 갖는 성격강도의 차이에서 찾을 수 있다.

✦ 인간성

인간성은 개인이 갖는 타인과의 관계를 나타내는 긍정적 특성을 의미한다. 딕목은 정의와 함께 다른 사람의 웰빙 향상에 관심을 갖는 행동이다.

인간성의 덕목은 대인관계, 정의, 불편부당성 강도 및 공정성과 각각 깊은 관계가 있다. 또한 심리학적 관점에서 보면 이타적 혹은 범사회적 행동과 보다 깊은 관계가 있다. 영장류 동물만이 아니라 모든 동물에게는 이타적으로 행동하는 특성이 있다. 모든 이타적 행동에는 남을 보호하려는 기능이 있다. 사람들은 유익한 결과 창출이 어렵다고 판단될 때에는 이타주의의 감정이 폭발된다. 이는 저변의 동정심의 발로이다. 사람들은 동정심 때문에 공정성을 상실하는 경우도 있다. 이타주의와 정의는 친사회적 동기로서 때로는 관계, 친절 혹은 자비심으로 나타날 수도 있다.

★ 정의

인간 공정성의 덕목도 정의의 덕목을 바탕으로 하며, 이는 모든 인간은 평등하다는 점을 강조한다. 그러나 인간의 모든 행동이 공평하게 이루어진다고 보기 어려울 때가 많다. 많은 사람이 동물의 세계가 사람의 세계보다 더 공정하다는 점을 수용한다. 이제 덕목은 보다 새롭게 정의할 필요가 있다.

서방 산업사회에서는 정의를 평등의 가치로 생각하고 보상은 개인의 공헌과 공정에 따라 주어져야 한다고 주장한다. 따라서 사람들은 자신의 공헌에 따라 보상을 받아야 한다고 주장하지만 그것은 사회 일반의 공통되는 주장은 아니다. 집단주의 문화에서는 평등성 욕구를 기반으로 공정성을 평가한다. 그러므로 정의 예제는 시민생활과 관계되는 공정성, 리더십, 시민권/팀워크에서 찾을 수밖에 없다.

✳ 절제

우리 생활에서 과잉, 과용으로부터 우리를 보호하는 것이 절제
이다. 실제 과잉은 개인과 사회의 건전한 발전을 저해한다. 과잉
은 여러 가지 부정적 생활습관으로 이어진다. 용서와 자비가 결여
된 증오, 겸손과 조심성의 결여, 오만, 분별성의 결여, 많은 비용으
로 짧은 시간의 쾌락을 즐기는 생활 같은 부정적 생활습관은 자기
조절 기능의 취약성 때문이다. 우리 마음속에는 선한 면이 있는가
하면 피해를 받으면 그를 응징하는 악한 면도 있다.

절제는 정직과 통한다. 내가 감당할 수 있다는 판단이 서면 적
극적으로 방어하는데, 그것이 절제이다. 신중한 행동은 절제의 기
본이며, 정서의 낙관적 조절은 우리의 선과 악 감정을 억제하는
것이 아니라 그에 대한 값을 치르는 것이다.

✳ 초월

독일의 철학자인 Immanuel Kant(1724~1804)는 1781년에 『순
수이성비판(Critique of pure reason)』에서 초월을 인간 지식을 초
월한 현상이라고 정의하였다. 초월은 차원이 보다 높은 세계이다.
즉, 우리 자신보다 더 높은 의미인 목적을 가진 것이 초월이다. 이
는 허무주의와 상반되는 개념으로 생각할 수도 있고, 여기에는 삶
에는 어떤 의미도 존재하지 않는다는 의미도 내포된다.

Viktor Frankl은 1946년에 『인간의 의미 탐구(Man's search for

meaning)』에서 인간 존재를 위한 자기초월의 의미를 이렇게 기술하고 있다. "인간은 어떤 목표를 성취하기 위해 다른 사람에 접근한다. 이는 내 욕구 충족을 위한 수단이다. 종교는 영성과 별개로 생각해야 한다. 이것이 곧 초월의 기본이다. 물론 이들은 초월의 의미와 완전히 분리시킬 수는 없다."

● ● ●
성격강도

성격강도는 매우 보편적인 특질로서 그 자체가 가치를 갖는다. 개인의 성격강도는 유전적 소질로서 쉽게 변하지 않으나 교육 훈련이나 환경에 따라 변할 수도 있다. 성격강도와 덕목은 도덕적으로 크게 다르지 않지만 자세히 살펴보면 몇 가지 점에서는 크게 다르다. 첫째, 성격강도의 구조는 핵심적 덕목 세트와 비교하면 이해하기가 쉽지 않다. 그것은 지능, 팀워크 그리고 감사를 바탕으로 이해해야 한다. 둘째, 성격강도는 여러 교육기관의 훈련을 통해 변화시킬 수 있다. 우리가 이 덕목을 주장하게 되면 선량한 시민으로 인정받을 수 있다. 다시 말하면, 덕목은 개인을 평가하는 기준이 된다.

성격강도와 덕목 간에는 여러 가지 유사성이 있다. 성격강도는 덕목을 바탕으로 신장되고, 덕목과의 상호작용을 통해 우리의 행동특성을 지배한다. 또 덕목과 성격강도는 우리에게 자신에 대해 생각해 보게 하는 기회를 주고 우리의 행동 방향을 제시하기도 하며 생활만족과 웰빙을 성취하는 데 큰 영향을 준다.

✱ 창의성

창의적인 사람은 어려운 사태나 문제에 직면하였을 때 그것을 해결하기 위해 새로운 방법을 모색한다. 창의성은 여러 가지 형태로 표출된다. 예술(페인팅, 그래픽 디자인), 작가(시, 에세이), 수행자(가수, 배우, 악기) 등으로 표출되는데, 이는 모두 치료적 잠재력과 무관하지 않다.

창의적인 사람은 통상적 방법이나 맹목적으로 규칙에 순응하는 것만으로는 만족하지 않는다. 그들은 자기 스스로 새롭게 접근해 보고 싶은 욕망이 강하다. 치료적 관점에서 볼 때 이와 같은 욕심은 문제해결에 도움이 되는 새로운 책략 수립에 큰 도움이 된다. 그들의 문제해결 방법도 특이하다. 그들은 문제해결에 착수하기 전에 그 방법이 다른 사람에게는 어떤 영향을 주는가도 깊이 생각한다.

개인의 창의성은 호기심, 지구력, 열정 그리고 용기와 같은 성격강도에 의해 정교화되기도 한다. 창의력이 높은 사람은 사회적 지능, 팀워크 그리고 공정성의 수준이 높다. 창의성은 개인의 슬픔과 고통으로 표현되기도 한다. 하지만 그 통로와 과정은 단순하지 않고 매우 복잡하다.

어린아이의 놀이 환경을 두고 생각해 보자. 아이는 행복해 보인다. 아이는 역할 유희를 통해 여러 가지 배역을 상상하고, 기존의 놀이를 바탕으로 새로운 시나리오를 만든다. 자신이 타고난 감사, 미의 감상, 유머와 같은 강도를 통해 그 아이의 창의성은 신장된다.

창의성의 표출은 처음부터 끝까지 지속성과 자기제어에 의해 보상을 받는다. 창의성은 치료 과정에서 여러 가지 기능을 한다. 문제해결을 위해 새로운 방법을 활용하는 것도 창의성과 무관하지 않다.

★ 호기심

어려운 문제 장면에 직면하였을 때 그것을 효과적으로 해결하기 위해서는 그 상황을 정확하게 그리고 능동적으로 파악해야 한다. 그에 따라 새로운 방법 선택이 가능해진다. 이와 같은 과정에서 지하철에 대한 공포와 불안 때문에 지하철을 기피하는 경우를 생각해 보자. 역무원을 통해 지하철에 대한 정보를 얻을 수도 있고 주위 사람들에게 도움을 청할 수도 있다.

공중화장실 세균에 대한 공포, 특정 음식물에 대한 혐오가 있을 때에도 유사한 반응을 한다. 어떤 경우나 공포에서 벗어날 수 없는 상황에 직면하면 호기심이 발동한다. 이 호기심은 잠재적 치료 효과를 갖는다. 호기심에 의해 특정 대상에 대한 두려움이 경감되는데, 이는 불확실성이 경감되고 이로 인해 공포의 감정이 자기도 모르는 사이에 치유되기 때문이다.

우리는 긍정적 생활경험에 관습화되어 있다. 균형 잡힌 호기심은 지루함, 무감각 등 부정적 감정을 경감시킬 뿐만 아니라 새로운 경험을 촉진시킨다. 호기심의 수준이 높은 사람은 불안이 없는 일상생활을 보다 즐길 수 있다.

자기에 대한 건전한 호기심은 개인의 성장을 촉진시키고, 지나치게 자신에게 몰입되지 않은 건전한 호기심은 건전한 성격발달에 큰 도움을 준다. 호기심은 여러 가지 성격강도, 예를 들면 창의성, 성실성 그리고 공정성과 밀접한 관계가 있다. 어려운 문제해결에 도움을 주는 것은 호기심이다. 호기심에 의해 적응적 기제의 기능이 발동한다.

적응적, 특히 불안정한 정신상태에서는 호기심의 기능은 보다 활발해진다. 양면가의 감정은 공포에서 벗어나는 좋은 수단이다. 자신에게 고민이 생기면 그 원인을 찾아내는 것이 고민에서 효과적으로 벗어나는 길이다.

★ 관대함

편견이 없는 사람은 직면한 문제해결을 위해 여러 가지 책략을 탐색하고 그 타당성을 생각하며 검증하는 능력을 가지고 있다. 치료적 관점에서 보면 관대함의 성격강도를 가진 사람에게는 자기 자신의 성격특성을 보다 깊이 생각하는 기능이 있다. 그들은 긍정적 심리치료를 통해 자기 자신의 증후나 스트레스를 보다 깊이 평가할 수 있다. 개인의 관대함 성격강도는 복잡한 상황을 조정하는 능력이고, 자신의 문제를 보다 넓은 관점에서 분석하고 종합하는

능력이다. 관대함은 개인의 현실감각의 지표인데, 이는 편향됨이
없이 문제를 객관적으로 분석하고 종합하는 능력이다.

관대함의 성격강도 수준이 높은 사람은 자신의 견해보다 다른
사람의 견해를 바탕으로 문제나 사태를 조망할 수 있고 문제를 보
다 비판적으로 탐색하게 되며 보다 질이 높은 정보를 조심스럽게
탐색할 수 있다.

이와는 달리 관대함의 성격강도 수준이 낮은 사람은 문제에 대
한 성찰 기능이 떨어지기 때문에 흑백논리를 바탕으로 문제를 판
단하게 된다. 관대함의 성격강도 수준이 낮은 사람일수록 문제해
결을 위한 유연성이 결여되어 있고, 이는 곧 완고성 특성으로 굳
어진다. 이들에서는 우울증이나 불안의 증후가 심하게 나타난다.
그들은 이를 자신의 결함으로 귀인시키는데, 상태가 악화되면 개
인생활이 불행해질 수밖에 없다.

관대함의 성격강도가 지나치게 높은 사람은 세상을 냉소적으로
또 회의적으로 보거나 주위의 사람이나 환경을 극도로 불신하는
경향이 있다. 관대함의 균형을 유지하기 위해서는 문제와 상황을
보다 비판적으로 볼 수 있어야 한다.

관대함의 성격강도가 다른 성격강도와 균형을 유지할 때 큰 시
너지 효과가 나타난다. 해결이 쉽지 않은 일에 직면하였을 때 관
대하고 편견 없이 그리고 비판적으로 분석하고 해석할 때 보다 긍
정적 해결방법을 얻게 된다. 편견 없는 관대함의 강도는 문제에
대한 여러 가지 해결방법을 제공하고 그것은 곧 지혜로 연결된다.

✳ 지식 사랑

지식을 사랑하는 사람들에게는 몇 가지 특성이 있다. 즉, 열심히 기술을 습득하고 새로운 화제에 관심이 많으며 새로운 지식체계 수집에 열정을 기울인다. 또 새로운 것을 배우는 것을 큰 즐거움으로 생각한다. 장차 자기에게 어려움이 닥칠 것을 예견하고 그것을 해결하는 데 필요한 지식을 축적한다.

독자적으로 다양한 지식을 자기 스스로 축적한다. 지속적으로 특정한 도메인에 대한 지식(컴퓨터, 예술, 철학, 문학 등)을 축적한다. 학교생활에서, 강연을 통해서, 워크숍을 통해서 다양한 지식을 축적해 나간다. 어떤 불행이나 어려운 환경에 직면해도 지식 사랑의 열정은 식지 않는다. 그들의 지식 습득을 위한 열정의 소실은 자기성장 거부의 지표가 되는가 하면 그 정도가 심화되면 심한 우울증 발작으로 이어진다.

지식 사랑의 욕구는 개인에게 여러 가지 도움이 된다. 지식은 보다 단단한 기지이고, 이는 보다 광범위한 영역에 대한 정보를 얻는 데 큰 도움이 된다. 하지만 잘못된 지식에 대한 사랑은 오만으로 이어질 수 있다. 참된 지식에 대한 사랑은 많은 자료, 폭넓은 정보수집으로 이어져야 한다. 보다 더 중요한 것은 건전한 정서 상태이다. 부정적 정서 상태, 즉 근심 걱정은 건전한 이성 발달을 저해하고 창조적 문제해결의 기능을 쇠퇴시키는 결과를 가져온다.

✴ 정확한 사물판단

성격강도로서의 정확한 사물판단은 지혜에 기반을 둔 것으로 지능과 크게 다르다. 정확한 사물판단은 건전한 지식판단을 필요로 한다. 정확한 사물판단을 하는 사람은 다른 사람에게 유익한 조언을 할 수 있다. 우리의 행동 특성은 가정생활에서 결정된다. 공동생활에서 어려운 문제에 직면하였을 때를 생각해 보자. 내가 할 수 있는 일과 할 수 없는 일은 분명히 있다. 내가 할 수 있다고 생각했던 일에 실패하면 낙담을 하게 되고 심한 경우 우울증에 빠지기도 한다.

치료 장면에서는 환자가 할 수 있는 것도 있고 할 수 없는 것도 있다. 이러한 상황에서 필요한 것이 정확한 사물판단 능력이다. 이는 현실적인 것과 비현실적인 것을 정확하게 변별하는 기반이 된다. 우리는 해결해야 할 문제에 직면하였는데 그에 대한 정보를 얻지 못하게 되면 양가감정에 사로잡힌다. 죽음과 삶의 딜레마에 빠진 사람에게는 정확한 사물판단만이 큰 도움이 된다. 정확한 사물판단의 성격강도 수준이 높은 사람에게는 보다 폭넓은 인생의 의미가 있고 사회공헌의 기능도 보장된다.

정확한 사물판단의 성격강도는 곧 중용과 깊은 관계가 있다. 이 수준이 높은 사람은 균형 잡힌 개인생활을 할 수 있고 어려운 문제해결을 위한 보다 현실적인 판단을 할 수 있다. 그들은 긍정적인 것과 부정적인 것을 변별할 수 있고, 나무를 보고 숲을 볼 수도 있고, 숲을 보고 나무를 볼 수도 있다. 개인의 삶은 모두 정확한 사태판단에 의해 이루어진다.

모든 인생의 문제를 사태판단의 안경을 쓰고 보면 불가사의의 세계도 어려운 문제도 어렵지 않게 이루어진다.

✱ 용감

자신이 큰 위험에 처한 상태에서도 다른 사람을 돕는 사람을 용감한 사람이라고 부른다. 사람은 누구나 부정적 사태에, 즉 도전, 위협 혹은 불행한 일에 직면하게 되면 불쾌한 감정에 사로잡히게 되고 이는 곧 심리적 장애로 이어진다. 이때 용감이라는 성격강도의 수준이 높은 사람은 그것을 보다 긍정적 상태로 역전시켜 나간다.

용감한 사람은 도전을 피하지 않고 그에 항복하지도 않는다. 용감한 성격강도 수준이 높은 사람은 어려운 사태에 직면하게 되면 적극적으로 해결방법을 추구하고 위험에 굴복하지 않으며 굳건하게 그와 맞서 싸운다.

용감한 문제해결을 위해서는 문제에 대한 올바른 인식이 필요하다. 문제 자체가 외부 압력의 산물이라고 생각해서는 안 된다. 용기 있는 행동은 신체적인 것이거나 심리적인 것이거나 자신의 가치의 발로이다. 용기는 현실적인 위험 장면에서 입증된다. 균형 잡힌 용기를 가진 사람은 자기 자신이 행해야 할 것과 행해서는 안 되는 것을 변별할 수 있다. 진정한 용기의 활용이 금지되면 무기력 상태에 빠질 수도 있다.

건전한 생활을 위해 용기는 균형이 유지되어야 한다. 왜냐하면 용기가 매우 부족하거나 용기를 상실하게 되면 자기에게는 물론 다른 사람에게 부정적 영향을 주기 때문이다.

＊ 지구력

지구력은 개인이 지향하는 목표가 좌절되었을 때 그를 극복하기 위한 끈질긴 정서적 강도이다. 치료적 관점에서 볼 때 개인의 심리적 문제는 개인의 주의집중력을 손상시킨다. 손상된 기능을 회복시켜 유지하는 힘이 지구력의 성격강도인데, 이는 손상된 주의집중력을 회복시켜 최초의 목표를 수행할 수 있게 하는 힘을 갖는다.

지구력의 균형 유지를 위해서는 지속적으로 어떤 목적을 추구해야 한다. 성공적 추구를 위해서는 주어진 환경의 특성을 이해하는 것이 무엇보다도 중요하다. 목적추구를 결심할 때에는 그에 대한 문제에 대한 검토가 꼭 필요하고, 이때 자신의 환경 적응능력을 스스로 평가해 보아야 한다. 자신의 지구력 성격강도의 선용은 건전한 자신의 목표인식을 필요로 한다.

＊ 성실성

성실성의 성격강도 수준이 높은 사람은 자신을 보다 성실하게 노출시킨다. 치료적 관점에서 보았을 때 크고 작은 심리적 문제는 여러 가지 부정적 정서를 수반하는데 양가감정, 제어, 공포, 수치감, 거절의 감정이 그 일부이다. 또 이들은 개인의 사고와 정서 발달을 손상시켜 확실성을 크게 해친다. 개인의 행동 특성은 성실성, 확실성 그리고 가치의 강도 특성에 의해 결정된다.

개인의 정확한 현실검증 능력은 사회적 사고 능력을 증진시킨다. 성실성의 성격강도 수준이 높은 사람은 인지장애나 여러 형태의 공포를 효과적으로 방어할 수 있고 정신병리의 문제를 보다 효과적으로 극복해 나갈 수 있다.

성실한 사람에게서는 여러 가지 행동 특성을 발견할 수 있다. 즉, 사고, 감성 그리고 책임감 등이 솔직하게 외부에 표출되고 다른 사람의 감정을 해치는 언행은 하지 않으며 자신에 대한 풍부한 지식과 확신적 믿음을 가진다.

일상생활에서 자신의 가치체계에 따라 생각하고 행동하는 것은 결코 쉬운 일이 아니다. 특히 문화, 종교, 정치 그리고 경제적 조건이 다른 환경에서는 자신의 가치에 따라 자기표출은 더욱 어렵다. 개인의 성실성은 주어진 사태 혹은 주어진 환경이 갖는 특성에 따라 균형 상태도 달라진다.

개인의 성실성은 언제, 어디서나 그대로 수용되지 않는다. 어떤 사람이 "나는 선한 사람이다." "나는 때로는 무가치한 사람이다." 라고 말했다고 가정해 보자. 그것은 언제, 어디에서나 성실한 자기표현이라고 인정받지 못한다. 한 개인이 성실하게, 정직하게 그리고 비굴하지 않게 생활한다는 것은 올바른 생활태도이다. 이런 성실한 삶은 주위 사람들의 믿음을 얻게 되고 인정받을 수 있다.

성실성과 정직은 절대적 판단의 대상이 될 수 없다. 그것은 문화적 특성에 따라 다르게 해석되고 쓰여야 하고, 문화적 환경의 특성에 따라 그에 대한 의미도 달라질 수 있다.

균형 잡힌 성실성의 의미는 문화적 조건에 따라 서로 다르게 이해되어야 한다. 그것은 성실성 성격강도의 수준에 따라 다른 행동 특성이 나타난다. 성실성 성격강도의 수준이 낮은 사람은 원만한 정서, 흥미 그리고 욕구의 표출이 불가능하다. 왜냐하면 원만한 자기효험의 감정이 손상되었기 때문이다. 성실성 성격강도의 수준이 낮을수록 다른 사태에의 적응이 매우 어렵다. 이는 자신의 의지에 따라 자신을 통제하기보다 외부환경에 따라 자신의 행동을 통제하기 때문이다.

✱ 활력과 열정

활력은 개인의 에너지로서 개인의 감정을 흥분시키고 열정을 분발시킨다. 심리학적 관점에서 보면 활력이 부족한 사람일수록 쉽게 우울증에 사로잡히게 되고, 쉽게 권태감을 느낀다. 활력에는 즐거움, 흥분 그리고 충만감 같은 감정이 내포되어 있다.

활력과 열정의 성격강도 수준이 높을 때 보다 진실한 삶을 누릴 수 있다. 열정은 창조적 행동의 기반이 되고, 활력이 넘치는 생활은 스트레스를 경감시키고 심리적·신체적 건강을 신장시키는 결과를 가져온다.

활력의 성격강도는 균형을 유지해야 하나 그것은 쉽지가 않다.

균형 잡힌 활력과 과잉활동은 구분하기가 매우 어렵다. 활력 성격 강도의 수준이 과도하게 높으면 이는 열정으로 변하기 쉬우나 그것은 구분되지 않는다. 왜냐하면 이는 지나치게 내면화되어 개인의 성격강도의 한 부분으로 자리를 잡고 있기 때문이다.

이와는 달리 그 수준이 지나치게 낮으면 매우 피동적으로 행동하고 무엇을 성취하려는 동기 수준이 낮다. 활력과 열정의 성격강도가 균형 상태를 이루게 되면 곧 성격의 일부가 된다. 또 활력과 열정의 성격강도가 균형을 유지하게 되면 여러 가지 활동에 열성적으로 참여하지만 자신의 책임을 회피하는 일은 없다.

✹ 사랑

사랑의 성격강도는 남의 사랑을 받고 싶어 하고 남에게 사랑을 주고 싶은 능력을 의미한다. 이는 다른 사람을 존중하고 보살피는 기능으로, 이 두 가지 기능은 상보적으로 존중되어야 한다. 사랑의 성격강도 수준이 높은 사람일수록 쉽게 남을 사랑할 수 있고, 또 남의 사랑을 쉽게 받아들일 수 있다. 이들은 자기의 사랑을 자기가 낭만적으로, 성적으로, 정서적으로 의존하는 사람에 베풀고, 자기의 사랑하는 대상에 대해 극히 만족해한다. 사랑은 성격강도의 근원이다.

우리가 직면하는 부정적 정서, 도전, 슬픔 그리고 불안은 어느 것이나 사랑의 강도에 의해 원만하게 해결될 수 있다. 일반적으로 사람들은 어려운 장면에 직면하면 그에 도전하기보다 그것을 피하려고 한다. 왜냐하면 사랑의 성격강도에는 상대방의 과오를 벌하기보다 용서하는 기능이 있기 때문이다. 대인관계의 상실에 대한 공포도 사랑의 성격강도에 의해 깨끗하게 씻어 낼 수 있다.

편향된 선택적 사랑은 주위의 사람들에게 부정적 영향을 주나 균형이 잡힌 사랑의 성격강도는 자기에게는 물론 다른 사람에게도 긍정적 영향을 준다. 사랑의 성격강도의 특성은 개인의 문화적 특성에 의해서 결정된다. 즉, 상호의존 문화권에서 사랑의 성격강도는 가족 전체를 사랑하는 가족관계를 형성하고, 개인주의 문화권에서는 사랑과 근로를 적절하게 균형을 이루어 나간다.

★ 친절

친절은 남을 배려하고 돕는 심리적 속성이다. 이 성격강도의 속성은 개인의 행동에 그대로 반영된다. 친절의 성격강도에는 그것을 통해 어떤 도움을 받겠다는 의도는 전혀 개입되어 있지 않은데, 이것이 친절이 갖는 특이한 속성이다.

친절의 성격강도를 통해 개인의 행동을 평가해 볼 수 있고, 자기 특유의 특성을 스스로 검증해 볼 수도 있다. 친절에는 자기의 행동을 통해 어떤 개인적인 이익을 얻어야 되겠다는 기대는 전혀 내포되어 있지 않다. 긍정적 심리치료의 관점에서 보면 친절에는 개인의 고통을 방어하는 기능이 있는데, 그것은 조건 없이 남을 돕겠다는 신념이다.

친절의 성격강도는 그것을 필요로 하는 사람에게 자발적으로 도움을 주는 것으로 만족한다. 어려움에 직면한 사람의 문제해결에 도움을 주는 것, 응급처치를 해 주는 것, 자신의 문제로 고통받는 사람이 필요로 하는 것을 경청해 주는 것, 몸이 불편한 사람의 일상생활을 돕는 것으로 스스로 만족한다. 하지만 친절한 행동은 많은 노력, 에너지 그리고 시간을 필요로 한다. 또한 자신이 제공한 친절이 그가 실제로 필요로 했던 것인가, 그것에 실용성이 있는가, 또 직간접적인 이차적 이익과 어떤 관계는 없었는지 깊이 고려되어야 한다.

사랑을 베풀 때에는 그것을 받는 사람과 진지한 상담을 가질 필요가 있다. 내가 베푼 친절이 자선이나 혹은 의존성의 감정을 조장하지는 않았는지 확인할 필요가 있다. 개인의 친절은 가치와 밀접한 관계가 있어야 한다. 친절은 자신에 대한 사랑과 깊은 관계가 있어야 한다는 점을 이해해야 하는데, 이는 자기 동정심이 결여된 친절은 자기 자신에 대한 가혹한 비판을 피할 수 없기 때문이다.

✱ 사회적 지능

사회적 지능에는 개인의 정신적 지능은 물론 정서적, 개인적 지능까지도 포함된다. 그러므로 사회적 지능 수준이 높은 사람은 자신의 정서 상태와 의도는 물론 상대방의 정서와 의도까지도 정확하게 이해할 수 있다. 사회적 지능 수준이 높은 사람은 자신의 정서, 동기에 대해 유용한 정보를 많이 갖는데 이것이 개인적 지능이다. 또 상대방의 정서와 동기에 대한 정보도 많이 갖는데 이것이 곧 사회적 지능이다.

사회적 지능이 높은 사람은 자신의 정서 상태가 상대방에게 전이된다는 사실을 잘 이해하고 있기 때문에 필요에 따라 긍정적으로 적응해 나간다. 그들은 공동작업 과정에서 다른 동료가 느끼는 어려움도 쉽게 감지한다. 치료적 관점에서 보면 사회적 지능은 자신뿐만 아니라 상대방의 감정 상태에도 예민하게 반응한다. 그러므로 주위 사람들과 건전한 대인관계를 유지할 수 있다.

사회적 지능 성격강도의 균형을 성취한 사람에게는 여러 가지 행동 특성이 있다. 상대방의 기분이나 감정 변화를 예민하게 감지하고 사태의 변화에 적절하게 반응하며 대인관계가 자연스럽다. 필요에 따라 동정심도 베풀고 상대방과 친밀한 관계를 형성, 유지하며 상대방의 슬픔에도 예민하게 반응하고, 상대방이 당면한 어려운 일도 자신이 맡아 해결해 준다. 또 인간의 전체성을 이해한다.

개인의 심리적 문제는 그의 사회적 지능과 밀접한 관계가 있다. 사회적 지능의 이상, 즉 평균보다 높거나 낮은 사회적 지능은 심리적 장애를 유발하는 원인이 된다. 사회적 지능이 결핍된 사람은 어려운 문제에 직면하게 되면 주위 사람들의 도움을 받을 수가 없다. 왜냐하면 원만한 대인관계를 맺을 수 없기 때문이다. 반면에, 사회적 지능이 높은 사람은 직면한 어려움이나 슬픔을 보다 효율적으로 극복해 나갈 수 있다.

사회적 지능의 결핍은 자폐증, 아스퍼거 증후군 그리고 분열성 성격장애 등 여러 가지 정신장애를 유발하는 원인이 된다. 이와 같은 장애에서 생물학적 원인이 차지하는 비중이 크다. 이들은 사회적 지능에 의해 상태가 호전될 가능성도 많지만 사회적 지능 수준이 지나치게 높은 것도 심리적 문제를 유발하는 원인이 될 수 있다.

사회적 문제의 원만한 해결은 많은 시간, 큰 정서적 부담 그리고 경제적 부담을 필요로 한다. 사회적 지능의 이상은 자신의 문제해결과 직결된다. 그 수준이 지나치게 높으면 자기기만에 빠지기 쉽다. 이와는 달리 그 수준이 지나치게 낮으면 사리판단 능력이 저하될 위험이 크다.

✱ 시민권/팀워크

사람들은 집단의 한 사람으로서 공익활동에 참가하는 것을 자랑스럽게 여기는데 그 기반이 곧 시민권 성격강도 혹은 팀워크 성격강도이다. 그들은 자기가 속한 집단의 공익을 위해 적극적으로 참여한다. 그들은 이웃, 지역 그리고 국가에 매우 친근감이 높을 뿐 아니라 그것을 자기 자신과 동일시하는 경향이 있다. 시민활동이나 팀워크에 적극적으로 참여하는 사람일수록 그들의 정신건강 상태가 매우 건전하다. 왜냐하면 그들의 활동은 곧 사회적 신뢰로 연결되기 때문이다. 그들의 지역사회를 위한 활동은 자기효험의 감정 신장으로 이어진다.

균형 잡힌 시민권과 팀워크의 성격강도를 가진 사람에게는 몇 가지 특성이 있다. 즉, 다른 사람이나 집단과 깊은 유대관계를 갖고 집단의 복지 향상을 위한 전문지식이 많으며 맹목적으로 권력이나 규칙에 순종하지 않고 그룹의 복지 향상을 위해 노력한다.

시민권과 팀워크의 성격강도는 집단 성원 간에 개인적인 차이가 있다. 다른 사람의 시민권과 팀워크의 우선권을 인정할 때 자신의 기능은 보다 원활해진다. 팀워크에서는 개인의 주체성을 유지하는 것이 중요한데 그것은 집단의 정체성과 그 집단의 응집력을 향상시킨다.

우리는 형제간의 우애, 자매관계라는 말을 자주 듣는다. 여기에는 여러 가지 의미가 포함되어 있는데, 가족을 의미하는 상징성이 내포되어 있다. 여기서는 균형이 잡힌 시민권과 팀워크의 강도가 큰 의미를 갖는다. 자기만 방관자가 되어서는 안 된다. 가족 성원 가운데 누가 어려움에 직면하게 되는 것을 발견하였을 때 방관자가 되어서는 안 되고 그 문제의 해결을 위해 자신이 가진 용기와 공정성 성격강도의 기능을 발휘해야 한다. 그것이 곧 집단의 유대관계 유지를 위해 필요하다는 것을 알아야 한다.

시민권과 팀워크 성격강도가 결여되면 직면한 사회적 고립이나 심리적 문제를 효과적으로 해결할 능력을 상실한다. 이 성격강도 수준이 지나치게 높으면 분별력을 상실하기 쉽고, 규율이나 제도에 맹종하는 결과를 가져온다. 반면에, 그 수준이 지나치게 낮거나 결여되면 자기중심적이고 자애장애에 빠지게 된다.

★ 공정성

공정성의 성격강도에는 여러 가지 유익한 기능이 있다. 면식이 없는 사람의 웰페어(welfare)를 고려해야 하는 생각도 그 가운데 하나이다. 여기서 '웰페어'라는 용어를 사용할 때 공정성이 무엇이고 그것을 결정하는 요인이 무엇인가를 명확하게 밝히는 것이 중요하다.

여기서 두 개념 표현의 문화적 갈등에 직면하게 된다. 여성의 몸치장은 문화권의 특성에 따라 서로 다르다. 무슬림 여성이 히잡을 쓰는 것은 무슬림 국가에서는 정숙함을 나타내지만 서양 문화에서는 종교적, 문화적 강압의 표상으로 보인다.

습관이 다르고 가치가 다른 경우 공정성의 의미도 서로 다르기 때문에 공정성 성격강도의 의미는 사회문화적 단서를 바탕으로 해석되어야 한다. 공정성의 성격강도에는 현명한 판단이 수반되어야 하고, 흑백기준에 따라 판단되어서는 안 된다. 그것은 그에 포함된 녹색의 의미가 고려되어야 한다.

공정성을 실천으로 옮기기 전에 그 궁극적 목적의 본질을 이해할 필요가 있다. 예를 들어, 공평성과 동등성의 개념을 두고 생각해 보자. 사람을 평가할 때 공평성은 그가 나에게 도움이 되는가 그렇지 못한가를 평가하는 기준이다. 사람들은 어떤 경우나 동일한 평가를 받기 원한다. 이것이 곧 동등성에 의한 평가이다. 유토피아 사회가 아니면 모든 사람은 동등한 평가를 받을 수 없는데, 이는 모든 사람을 동등하게 평가하는 것은 불가능하기 때문이다.

공정성의 의미는 절대적 기준을 따르기보다는 상황의 맥락에 따라 융통성 있게 해석되어야 한다. 공정성 성격강도의 수준이 높은 사람은 사물을 냉정한 기준에 따라 평가하는 반면에, 그 수준이 지나치게 낮거나 결여된 사람은 편견에 사로잡히기 때문에 공정한 사리판단을 할 수 없다.

★ 리더십

리더십은 특정한 목표 달성을 위해 집단 성원의 결집을 유도하는 사회적 기술이다. 리더십 성격강도의 수준이 높은 사람에게는 사회적 통합을 위한 특출한 역할을 수행하는 기능이 있다. 리더는 결정을 할 때 성원 개인의 의견을 청취할 수 있어야 하고 자기가 속해 있는 집단을 위해 헌신하며, 집단이 직면한 문제해결을 위해 헌신적으로 참여해야 한다.

균형 잡힌 리더십의 성격강도를 가진 사람은 구성원 전체가 참여할 수 있는 공동목표를 설정하고 그것을 수행하는 데 앞장선다. 집단 성원의 의견은 심도 있는 토론을 거쳐 그룹의 공동목표로 설정할 수 있어야 한다. 또한 균형 잡힌 리더는 자신의 의견을 앞세우기보다 집단 성원 모두가 공감할 수 있는 목표를 제시하고 그것을 성취할 수 있는 능력을 가져야 한다.

리더십 성격강도의 수준이 높은 사람은 집단 성원의 웰빙을 위해 필요한 환경을 조성하고 자기 자신이 집단을 원만하게 리드할 수 있다는 신념을 가져야 한다. 오만하지도 않고 자신의 능력을 과시하지 않는 리더는 집단 성원으로부터 그 권위를 인정받을 수 있다.

균형 잡힌 리더는 자기가 소속된 집단 성원과 순수한 사회관계를 형성해야 한다. 이런 신뢰관계를 가지면 그는 최고의 자리를 굳혀 나갈 수 있다. 리더십 성격강도에 따라 개인의 사회적 위상이 달라진다. 즉, 리더십 성격강도 수준이 지나치게 높으면 독재자 혹은 보수가 되기 쉬운 반면에, 그 수준이 낮거나 결여되면 복종자 혹은 묵종자가 되기 쉽다.

✳ 용서/자선

용서는 원수를 갚겠다는 것이 아니다. 그것보다는 원한의 감정을 끊고 보다 건전한 자기성장의 길을 찾는 마음이다. 용서는 점진적으로 이루어지는 변화의 과정이다. 이는 일시적인 결심의 산물이 아니다. 용서의 대상은 매우 다양한데 자신을 해치거나 공격하는 사람, 나의 결점을 과장하는 사람 등이다.

나를 배신한 사람에게 원한이나 악의를 표출하지 않는 것이 용서의 힘이고, 용서는 자기의 부정적 정서도 경감시킨다. 용서에는 자선이 수반되어야 하는데, 이를 통해 보다 오래도록 간직할 수 있다. 자선을 통해 용서받는 사람의 인지적, 정서적 변화를 보다 쉽게 가져올 수 있다.

용서가 균형을 유지하려면 진정한 용서와 그렇지 못한 용서는 구분되어야 한다. 상대방을 진심으로 용서하려면 그의 잘못 자체를 간과하거나 혹은 그 사실 자체를 묵살해서는 안 되고 정의의 기준이 훼손되거나 부정적 정서를 긍정적 정서로 포장해서도 안 된다. 또 그것을 운명으로 돌려 버려서도 안 되고 부정과 타협해서도 안 되며 일방적으로 해결을 시도해서도 안 된다.

높은 도덕적 기반을 잘못 이해해서도 안 된다. 용서는 결과가 아니며 그것은 친사회적 변화의 과정이다. 용서하는 것은 쉽지 않다. 그것은 매우 복잡한 과정을 거쳐 이루어진다. 용서는 용서 강도의 균형을 요구한다. 왜냐하면 용서의 강도 수준이 낮거나 결핍되면 과거의 기억 때문에 정당한 판단이 훼손되기 때문이다. 상대방에게 자선과 친절을 베풀면 용서는 쉽게 자연스럽게 이루어진다.

용서와 자비 성격강도의 수준이 낮거나 결여된 사람은 자신의 명예를 유지할 수 없다. 그들의 범행은 정서적 손상으로 이어지며 부정적 기억에 사로잡혀 비참한 생활을 하게 된다. 반면에, 용서와 자비 성격강도의 수준이 지나치게 높으면 자기주장을 하지 못한다.

상대방의 용서할 수 없는 일을 용서하는 것은 용서의 본질을 손상시키는 결과를 가져온다. 남을 용서하기 위해서는 자신의 내적 공포, 분노, 원한을 효과적으로 극복해야 하며, 이때 사태를 여러 가지 측면에서 보다 정확하게 점검할 수 있다. 친절은 용서로 이어지는데 이것이 곧 이타적 선물이다. 용서와 자선의 성격강도 수준이 높으면 관대하지만 그 수준이 낮거나 결여되면 무자비하고 복수심이 강해진다.

✱ 겸손/정숙

자기 자신의 성취 업적이나 공로를 주위 사람들에게 알리기보다 남몰래 자기 스스로 간직하는 것으로 만족하는 사람이 있다. 이 힘은 겸손과 정숙함과 같은 성격강도에서 생긴다. 겸손과 정숙의 성격강도가 높은 사람은 자신의 약점도 충분히 인지하고 자기 자신이 남보다 더 우월하다고는 생각하지 않는다. 그것은 자아존중감의 결손과는 전혀 다른 의미를 갖는다.

현대의 문화 환경에서는 개인의 친절과 공적이 사회매체의 스포트라이트를 받지 못하는 편인데 그것은 본인 자신도 스포트라이트를 회피하려는 경향이 있기 때문이다. 보통 시민도 자기 자신의 문제해결을 위해 다른 사람의 도움을 받기를 원한다. 이상적인 겸손의 성격강도는 균형을 유지하는 것이다. 불행하게도 그 균형이 손상되면 성격특성이 크게 손상되는 수가 있다. 겸손과 정숙의 성격강도의 수준이 지나치게 높으면 지나치게 비천해지거나 인격 손상으로 이어지는 수가 있다.

자신의 겸손과 정숙 성격강도의 수준은 자기 스스로 검증해 볼 수 있다. 즉, 어떤 부정적 사태에 잘 적응하는가, 정신건강 수준이 낮은 사람과 어떤 관계를 갖지 않는가, 직장에서 승진 기회나 리더의 직책을 맡을 기회를 놓쳤을 때 이것이 자신의 지나친 겸손이나 정숙 때문이라고 생각하지는 않는가. 자신이 겸손과 정숙 성격강도의 균형을 성취하려면 우선 자신의 현재 환경과 성격강도를 평가해 보거나 바랐던 답을 얻지 못할 때에는 주위 사람들의 도움을 청할 필요가 있다.

자신의 정숙과 겸손의 성격강도 수준이 낮다고 판단되면 자신에게 정직한 피드백을 줄 수 있는 사람의 도움을 받을 필요가 있다. 그는 솔직하게 피드백을 줄 수 있는 사람이어야 한다. 자기 스스로도 어떠한 피드백도 솔직하게 수용할 수 있어야 하는데 그로부터 칭찬을 받고자 하는 욕구가 생기면 이는 겸손 성격강도의 결여와는 무관하다. 그것은 다른 사람의 존경을 받지 못한 결과로 생각할 수 있다. 열정의 성격강도가 높을수록 겸손과 정숙의 성격강도가 결여될 수 있다고 생각하는 것은 재고할 필요가 있으며, 겸손과 정숙의 성격강도에 대한 평가는 여러 가지 측면에서 보다 깊이 검토될 때 그 본질을 보다 정확하게 이해할 수 있다.

★ 신중성

개인이 설정한 목표는 자신의 신중성 성격강도의 수준에 따라 결정된다. 신중성 성격강도의 수준이 높은 사람의 행동에서는 여러 가지 특성이 발견된다. 그들은 선택이 어려운 문제에 직면하였을 때 보다 신중하게 행동하고 과도하게 위험을 감행하지 않는다. 사소한 결정을 내릴 때에는 장기간 심사숙고하고 보람 있는 일을 계획한다. 또한 그들은 약속시간을 잘 지킨다. 자신이 스스로 해결할 수 없는 환경에서 약속시간에 늦게 되면 상대방에게 그것을 알려 준다. 그들은 조심스럽게 운전하며 교통법규를 잘 따른다. 그들은 어떤 결심을 하거나 계획을 세울 때도 불필요한 사실들은 미리 제거해 버린다. 그들은 많은 시간을 두고 마음의 평정을 이루어 내고 충동적 행동을 피하며 행동의 결과에 대해서 생각해 보고 즉흥적 판단을 피한다. 어떤 결심을 할 때도 상대방에 쉽게 그리고 자진해서 양보하지 않는다.

신중을 기하는 사람은 모든 일에 세심한 주의를 기울인다. 신중성 성격강도의 수준이 지나치게 높으면 일을 처리하면서 잘못된 선입관을 가지게 되는데 이는 강박적 사고와 매우 유사하다. 우리의 건전한 일상생활은 건전한 사고를 요한다. 의사가 집도하기 전에, 은행계좌에 사인할 때 세심한 검토가 필요하다. 모든 일상생활에서 숙고를 필요로 하는 것은 아니다. 사소한 일, 예를 들면 부엌에서 설거지를 할 때, 방 안의 가구를 정리할 때에는 깊이 생각할 필요가 없다. 그래도 일은 만족스럽게 처리된다. 사소한 일을 신중하게 처리하는 것은 신중성 성격강도의 남용이다.

적절한 수준의 신중성 성격강도는 우리의 일상생활에 여러 가지 도움을 준다. 즉, 보다 효율적으로 일을 처리할 수 있고, 특정한 규칙을 보다 잘 지킬 수 있으며, 특정한 업무수행에 따르는 장애를 보다 효과적으로 예방할 수 있다.

신중성의 성격강도는 소심한 것과는 그 의미가 다르고, 자기 삶의 목표와 깊은 관계가 있다.

신중성 성격강도의 이상은 여러 가지 정신 기능을 손상시키는데, 그 수준이 지나치게 높으면 감정에 빠져 의사결정이 불가능해진다. 최악의 경우 의사결정 능력 상실로 이어진다. 신중성의 성격강도가 결여되면 충동적으로 의사결정을 하고 위험을 간과하게 되며 규칙을 준수하지 못한다. 또 정상 창작의 기능이 쇠퇴한다. 하지만 사태 평가가 불필요한 경우에는 보다 빨리 의사결정을 할 수 있다. 신중성의 성격강도 수준이 높으면 지나치게 얌전을 부리게 되고, 반대로 신중성의 성격강도 수준이 낮으면 센세이션 시킹(감흥추구) 수준이 높아지면서 분별력을 상실하게 된다.

✴ 자기조절

자기조절의 성격강도 수준에 따라 일에 대한 평가가 크게 달라진다. 자기조절의 성격강도가 결핍되면 사태의 심각성을 잘못 평가한다. 적절한 자기조절을 위한 사례로 체중 감량의 경우를 생각해 보자. 이를 위해 체중 감량을 위한 구체적 목표를 세워야 한다. 그에 따른 부정적 사고는 금물이다. 체중 감량을 위해 자기 스스로 지켜야 할 일이 있다. 우선 질이 좋은 음식을 먹고 지속적으로 신체 운동을 해야 한다. 그러나 음식물을 선택할 때 그 음식물에 붙어 있는 레이블(label)에 지나치게 주의할 필요는 없다.

자신의 식생활이 상대방의 식사습관과 다른 점에 관심을 가질 필요가 없다. 자기가 스스로 조절이 가능한 것들을 골라야 되고 부정적 효과가 있는 것을 미리 피하는 것이 무엇보다도 중요하다. 건전한 대인관계 형성과정에서 상대방의 외모나 외모 특성에 매료되어서는 안 된다.

자기조절에 성공한 사람은 건전한 목표를 세우고 그것을 성공적으로 달성할 수 있다. 그들은 자신의 신체적, 정신적 손상도 효과적으로 이겨 낼 수 있다. 건전한 방법에 의한 체중 감량에 성공한 사례를 좋은 예로 들 수 있다.

자기조절의 실패는 여러 가지 부정적 결과를 가져온다. 과도한 운동과 과도한 음식 조절이 바로 이에 속한다. 이들은 결과적으로 심신의 건강 문제로 이어진다. 과도한 정서통제는 고독의 감정을 유발한다. 자기통제 기능의 손상은 여러 가지 충동적 행동의 근원이 된다. 우리 주위에서 흔하게 볼 수 있는 것이 흡연, 약물오용 그리고 성도착이다. 또 자신이 자신에 의해 압도되고, 부정적 정서의 포로가 되어 병적 사고에 빠지게 되어 종말에는 대인관계가 손상되는 사례도 흔히 볼 수 있다. 이와는 대조적으로 자기조절의 성격강도 수준이 지나치게 높으면 과묵해진다.

✴ 미(美)의 탁월성 존중

자연의 아름다움을 느끼는 사람, 예술품 감상에 심취할 수 있는 사람은 자기 주변의 모든 대상에도 경외의 감정을 느낀다. 미의 탁월성을 감상할 수 있는 사람은 자연의 미와 물리적 아름다움에 쾌감을 느끼고 다른 사람의 재주에 대해 감탄하여 덕목과 도덕성에 함유된 아름다움도 느낄 수 있다. 그들은 인생의 모든 영역(자연, 예술, 수학 그리고 모든 일상생활 등)에서 아름다움을 발견할 수 있다.

자연의 미, 물리적 미를 찬탄함으로써 자기 스스로 긍정적 정서를 경험할 수 있다. 치료적 관점에서 보면 이 차원에는 부정적 정서를 경감시키는 기능이 있다. 사람은 자신을 희생하며 봉사하는 사람을 보면 그것을 찬탄할 뿐만 아니라 그와 같은 감정을 가지고 싶어 한다. 탁월한 미를 접하게 되면 그와 같은 미를 창조해 보고 싶은 동기가 촉발되는데 이것이 곧 긍정적 동기유발로 이어진다.

개인의 미와 도덕적 우월성을 가지려면 긍정적 경험의 강도가 밑받침이 되어야 한다. 이는 사람마다 다를 뿐만 아니라 문화적 특성과 결합되어 있다. 예를 들면, Wolfgang Amadeus Mozart(1756~1791)의 최고 걸작 〈피가로의 결혼〉을 감상할 때, Ludwig Van Beethoven(1770~1827)의 교향곡을 감상할 때, 인디언 고전이나 조지 성가(Georgian Chant)나 아르헨티나의 탱고나 무용을 감상할 때 경외감을 느낀다.

사람의 삶과 죽음 같은 인생 판도를 좌우하는 생사의 문제, 기적적이고 예기치 않았던 사건, 놀랄 만하고 의미가 있는 일의 성취도 문화적 배경과 밀접한 관계가 있다. 그러므로 그들의 경이로운 업적이나 성취를 충분히 이해하기 위해서는 그들의 문화적 배경을 이해할 필요가 있다. 보다 넓은 시각의 관점에서는 보다 광범위한 문화적 범주, 아일랜드의 장례문화의 특성을, 다른 한편으로는 아일랜드의 특수가정의 장례문화의 특성을 이해할 필요가 있다.

특별한 모임에서 여러 사람을 만나면 참석자들의 특성을 알고 싶어 한다. 특히 그들이 경험한 신비의 세계를 알고 싶어 한다. 위험에 직면한 사람을 돕는 장면을 보면 그의 심층세계를 알아보고 싶어 한다. 이때 그의 언어 습관이나 도덕적 수준에 대한 지식은 필요 없다. 음악 감상이나 회화 관람을 통해 예술품에 대한 개인의 감흥은 각성되며 이와 같은 감흥 각성은 박물관에서도 경험할 수 있다.

균형이 잡힌 미와 경외의 강점은 연습이나 외부의 보상에 의해 신장되는 것도 아니다. 미와 우월성에 대한 이해가 부족하면 만사에 의욕을 상실하게 되고 일상생활이 지루하게 느껴지며 이들의 미와 우월성 강도의 원만한 성장을 기대할 수 없다. 미와 우월성의 이해 수준이 지나치게 높은 사람은 신사인 척하는 속물근성이 두드러지고 그 수준이 지나치게 낮거나 결핍된 사람은 세상만사에 관심을 가지지 못한다.

★ 감사

자신의 삶에 도움을 준 인물이나 대상에 대한 보은의 마음이 곧 감사이다. 이 보은의 마음은 일시적인 것이 아니고 평생 지속되는 것이라야 하다. 한번 정해진 보은의 대상은 세월이 지나면 재평가되어야 하고 거기에서 새로운 의미를 발견할 수 있어야 한다.

감사의 대상은 특정 인물에만 한정되어 있지 않다. 그것은 자연일 수도 있다. 감사 대상으로서의 자연을 통해 세상을 새롭게 그리고 보다 긍정적으로 볼 수 있는 그에게 감사의 뜻을 전하는 경우도 있다. 감사의 대상은 내가 아닌 다른 사람이다. 우리는 그에게 감사의 뜻을 표함으로써 보다 긍정적인 대인관계를 유지하고 발전시킬 수 있다.

진정한 감사는 긍정적 결과를 기대하지 않을 뿐만 아니라 그것은 부정적 정서와 양립할 수도 없다. 즉, 감사하는 사람은 감사의 대상에게 분노, 원한 같은 감정을 가지지 않는다. 진정으로 감사하는 사람에 대한 부정적 정서는 억제되어야 한다.

하지만 이런 사태를 맞게 될 수도 있다. 즉, 오랫만에 얻은 아이가 심한 발달장애를 겪고 있다는 소식을 듣고 그것이 불륜관계에서 얻은 것이 아닌가 하는 생각이 든다. 이런 생각이 들 때마다 자신은 심한 고통에 직면하게 된다.

그 아이가 기적적으로 생명을 유지하게 되었으나 기동력을 상실한 불구자가 되지나 않을까 하는 생각이 들면 여러 가지 부정적 정서가 폭발한다. 이러한 경우 감사해야 하는가 아니면 불행한 일이라고 생각해야 하는가. 이것은 자신의 마음속에 깊이 간직할 수밖에 없다.

우리는 일상생활에서 감사의 마음 표출이 어렵다는 사실을 경험한다. 자기의 진정한 감사의 감정이 상대에게 전해지지 않는 경우가 있다. 상대방은 감사의 감정을 전혀 느끼지 못한다. 위장된 감사의 표출은 그것을 받는 사람을 불쾌하게 만든다. 그러므로 감사의 뜻을 표출할 때에는 상대방의 성향과 그 상황을 깊이 고려할 필요가 있다.

적절한 방법으로 감사의 뜻을 표현할 수 있는 사람은 자기상을 지킬 수 있다. 적절한 사회적 참여가 가능한 사람은 행복하다. 적절한 사회적 참여는 사회적 투쟁을 피하라는 뜻이 아니고 그것은 원만한 사회활동에 적극적 참여를 의미한다. 감사 성격강도의 수준이 높은 사람은 남에게 호감을 주나 그 수준이 낮은 사람은 다른 사람들로부터 부정적 평가를 받는다.

✽ 희망과 낙관주의

희망과 낙관주의 성격강도 수준이 높은 사람만이 긍정적 기대감을 갖는다. 희망과 낙관주의는 교차적 사용이 가능하지만 그들 사이에는 큰 차이가 있다. 치료적 관점에서 보면 자신의 실패 원인을 설명할 때 비관주의자와 낙관주의자의 설명은 크게 다르다. 우울증 성향이 있는 사람은 단 한 번의 실패에도 견디지 못한다. 우울증은 개인의 모든 생활 기능을 쇠퇴시키고 그 영향이 지속된다.

이와는 달리 낙관주의자의 단 한 번의 실패는 그의 전체적 삶을 쇠퇴시키지 않는다. 한 번의 실패의 영향은 일시적일 뿐이다. 개인의 우울증은 개인의 성취의욕을 불러일으킨다.

희망과 낙관주의는 자기 스스로 보다 훌륭한 일을 탐색하게 하는 힘이다. 희망과 낙관주의 성격강도의 균형을 위해 비현실적 희망이나 목적은 버려야 한다. 건전한 희망과 낙관주의 성격강도의 균형을 유지하기 위해서는 현실적이고 성취 가능한 목적을 설정하고 그 성취를 추구해야 한다.

긍정적 심리치료는 자기 자신의 성격강도에 대한 신념을 굳게 힐 뿐만 아니라 자기는 주위의 도움이 필요하다는 것, 또 개인의 목표 설정이 필요하다는 것을 깨닫게 하는 기능이 있다. 치료에 앞서 자신의 치료 목적을 세우고 그것을 성취하는 과정이 곧 긍정적 심리치료이다. 현실적 목표를 가진 사람은 보다 쉽게 회복할 수 있고, 보다 적극적으로 웰빙을 추구할 수 있다.

희망과 낙관주의 성격강도의 균형을 유지하기 위해서는 치료 초기에 치료의 목표를 설정할 필요가 있다. 이는 치료 과정에 수반되는 증후의 악화를 예방하기 위해서이다. 목적 설정이 미흡한 치료는 증후의 악화로 이어지고 더 나아가서 치유에 대한 동기를 상실하게 된다. 희망과 낙관주의 성격강도의 수준이 지나치게 높으면 극단적인 낙천적 삶에 빠지게 되는 반면에, 그 수준이 너무 낮으면 비관주의자가 되기도 하고 실망 상태에 빠지게 된다.

✱ 유머와 쾌활

유머는 자신과 남에게 웃음을 주고 행복하게 하는 일종의 행동이다. 사회적 활동의 일부로서의 유머에는 여러 가지 의미가 있다. 즉, 유머 감각이 뛰어난 사람은 스트레스 상황을 효과적으로 극복한다. 치료적 관점에서 보면 유머는 여러 가지 치료 기능이 잠재해 있다. 유머 감각이 있는 사람의 일상생활은 항상 즐겁고 그들은 가능하면 모든 상황을 즐겁게 보려는 성향이 있다.

유머는 단순히 장난삼아 행동하는 것이 아니고 인생을 즐기는 수단이다. 유머의 성격강도 수준이 높은 사람은 때로는 괴상한 행동을 하는 사람이고, 그 수준이 낮거나 결여된 사람은 따분하게 그리고 바보스럽게 보이는 때가 있다. 균형이 잡힌 유머의 성격강도 수준을 견지하는 것은 바람직한 성격특성이지만 쉽게 형성되는 것은 아니다.

개인의 감정이나 문화적 특성을 손상시키지 않은 수준 높은 조크, 농담 혹은 비평은 주위 사람들에게 신선한 정취를 고취시키는가 하면 새로운 자아 감각의 수준을 증진시킨다. 개인의 유머나 농담의 내용은 매우 큰 의미를 갖는다. 예를 들면, 심각하게 생각할 가치가 없는 유머는 별로 신빙성이 보장되지 않고 대인관계가 손상되어 정상적인 감정 표출이 어려워진다. 유머의 성격강도 수준이 높으면 익살꾼으로 보이나 그 수준이 낮으면 자비심이 결여되어 보인다.

✳ 영성

영성은 많은 사람이 공유하는 정신세계의 일부분이다. 영성의 세계는 종교적 신념이나 의례에 국한되지 않는다. 인간은 영성의 성격강도를 통해 신성과 세속을 동시에 경험하게 된다.

영성의 성격강도에는 우리가 역경에 처했을 때, 초월의 세계를 경험했을 때 위로해 주는 기능이 있다. 이때 자신은 자기보다 더 위대한 존재가 있다는 것을 경험하게 되고 그에 의존하게 된다.

영성의 성격강도에는 정서적 보호막의 기능이 있다. 이 보호막이 있기 때문에 우리는 역경에서 벗어나 일상생활로 회귀할 수 있다. 영성의 감정이 강화되었을 때 기존의 종교적 규범을 순수하게 되고 자신의 삶에 의미가 있다는 것을 깨닫게 된다.

영성의 성격강도 수준이 균형을 이룰 때 자기의 삶이 의미와 목적으로 충만된 것으로 느껴진다. 영성, 의미 그리고 목적은 친사회적 활동, 극빈자를 위한 음식 저장소, 장애아동센터 및 노령자를 위한 기관으로 이어진다. 이는 교회, 사찰, 전문연구기관, 레저, 스포츠센터, 비영리단체, 환경단체와의 관계로 이어진다. 영적으로 맺어진 유의미한 관계는 매우 큰 의미를 갖는다.

영성에 이르는 길은 많다. 어느 길을 가든 어느 것이나 나 자신의 목적보다는 보다 위대한 목적을 달성하는 길을 택했을 때 그것이 나에게 어떤 도움을 준다는 신념이 생긴다. 영성, 의미 그리고 목적이 결여된 사람은 스스로 허무감을 느끼고 그 정도가 심화되면 실존적 불안에 사로잡히게 된다. 영성 성격강도의 수준이 지나치게 높으면 환상주의, 극단주의자가 되지만, 그 성격강도의 수준이 낮으면 고독감의 세계에 빠질 위험이 매우 크다.

06
증후와 성격강도

● ● ● ● ● ● ●
증후와 성격강도

전통적 심리치료자들이 추구하는 핵심적 개념이 증후였다면 긍정적 심리치료자들이 추구하는 핵심적 개념은 성격강도이다. 이 점이 두 심리학자들이 추구하는 개념의 큰 차이다. 한때 임상장면에서는 개인의 부정적 특성만이 임상가의 관심이 되었던 때가 있었다.

이러한 상황에서는 환자는 자신의 부정적 생활경험에 큰 관심을 갖게 되고 그 문제의 해결을 위해 전문가의 도움을 청하지 않을 수 없었다. 이러한 상황에 직면한 전문 임상가는 문제해결을 위해 환자의 증후 탐색에 역점을 두지 않을 수 없었다. 이와 같은 임상가의 태도는 환자에 대한 공정한 평가에 도움이 되지 않는다.

● ● ●
증후

전통적 심리치료자들은 임상적 문제의 핵심은 증후라고 생각한다. 이와는 달리 긍정적 심리치료자들은 임상적 문제의 핵심은 개인의 성격강도라고 본다. 그리고 그의 성격강도는 그의 약점과 함께 그의 특성의 표상이라고 본다. 개인의 성격강도는 개인의 특성으로 문화적 차이와 무관한 개인의 소유물이다(Peterson & Seligman, 2004).

성격강도는 증후와 같이 개인의 정신병리를 진단하고 치료하는 데 있어서 매우 큰 비중을 차지한다. 그것은 어떤 기능의 부산물도 아니고 보상의 산물도 아니다. 이는 그 자체로서 가치가 인정되고 평가되며 그에 대한 평가는 그의 약점과 병합시켜 평가되어야 한다. 예를 들면, 겸손과 같은 성격강도를 두고 생각해 보자. 그것은 남의 관심을 살 목적으로 자신의 뜻과 달리 다른 사람을 위해 베푸는 선심의 표출이 아니고, 남을 돕는 것은 상대방이 처한 어려운 상태를 모면하기 위한 것도 아니다. 이와 같은 맥락에서 보면 창의성과 같은 성격강도는 혁신을 위한 불안 상태의 의미만이 아니다.

전통적으로 개인의 결함이나 장애에 역점을 둔 전통적 심리치료자들은 내담자의 문제를 미국 정신의학회가 만든 인위적 유목으로 짜인 DSM에 따라 진단 분류하는데, 이는 정신의학을 비롯한 인접 과학자들이 선호하는 진단기준이다. 하지만 그것은 과학적 탐구자들이 요구하는 조건이 결여된 조작이다. 그것은 내담자의 여러 가지 심신의 문제를 인위적으로 유목화해 놓은 것에 불과하다(Maddux, 2008). 전통적 심리치료자가 내담자의 문제를 어떤 레이블에 따라 분류하는 것은 성격 프로파일의 특성, 그의 결함, 장애의 정보가 숨김없이 노출되는 결과를 가져온다.

임상적 성격평가는 내담자의 성격강점은 물론 그의 약점까지도 종합적으로 탐색하는 하이브리드 과정이어야 한다. 어느 한쪽에 편향되는 것보다 두 가지를 모두 평가하는 방법을 취해야 한다(Suldo & Shaffer, 2008).

심리적 문제는 임상적 평가를 통해 성공적으로 조정 가능한 것이라야 한다. 여러 가지 성격 차원의 복합물이기 때문에 그것은 외부적으로는 다양한 형태로 표출된다(Harris & Thoresen, 2006). 전통적 심리치료에서 정신의학적 증후가 호전되었다는 것은 그가 행복한 생활로 회복되었다는 것을 의미하는 것은 아니다. 내담자의 시간, 경제적 능력으로 계산되는 것만은 아니며 그것은 보다 많은 요건에 의해 결정된다.

●●●●●●

강도조절장애로서의 정신병리

긍정석 심리학의 관섬에서 보넌 모든 성격강도의 긍정적 특성과 부정적 특성 간에는 연속성이 존재하므로 긍정적인 것과 부정적인 것을 별개로 다루는 것은 무의미하다(Johnson & Wood, 2017).

개인의 결함이나 부정적 특성의 치료에 역점을 두는 전통적 치료자들은 긍정적 심리학에서 여러 가지 도움을 받고 있다는 사실을 입증하고 있다.

- 성격강도와 긍정적 정서는 전통적인 임상적 요인을 설명할 때 독자적으로 개인의 웰빙을 예언할 수 있다.
- 균형 잡힌 정서에 역점을 두는 긍정적 심리학자는 위험요인을 보다 쉽게 발견하고 치유할 수 있다.
- 긍정적 심리조정은 개인의 웰빙 향상에는 큰 도움이 되지만 증후 경감을 위해서는 크게 도움이 되지 않는다.
- 대다수의 유럽 임상심리학자는 실제 연구에서 긍정적 심리학의 개념을 선호한다.

● ● ● ● ● ●
Christopher Peterson의 AOE 모델

임상심리학자들은 심리적 장애를 새롭게 개념화할 필요가 있다고 주장한다(Evans, 1993). 이 증후와 장애의 상호관계는 어느 정도까지는 어휘상의 문제이며, 모든 증후나 장애가 이런 깊은 상호관계에 있는 것은 아니다. '용기'라는 용어를 예로 들어 보자. 용기는 불안과 상반되는 용어로 개념화할 수 있다. 그러나 사실 모든 불안한 사람이 용기가 부족한 것은 아니다.

모든 정신병의 개념은 2개의 평행차원으로 구성되어 있다. 첫

째, 모든 병적 혹은 바람직하지 못한 속성은 심한 일탈 수준과 중
성적 수준을 거쳐 궁극적으로 긍정적 상태로 변질된다. 둘째, 반
대 속성은 중립적 단계를 거쳐 바람직한 단계로 변한다.

이러한 주장을 바탕으로 Peterson(2006)은 심리적 장애를 다음
과 같은 상태로 생각하였다. 이것이 Peterson의 심리적 장애의
A-O-E 모델이다.

- 강도의 결핍(absence: A)
- 강도의 반대(opposite: O)
- 강도의 과잉(excess: E)

성격강도의 결핍은 정신병리의 지표이다. Evans(1993)의 주장
과 같이 Peterson 성격강도의 결과는 반드시 생물학적 지표가 확
실한 정신분열증과 양극성장애로 볼 필요가 없다. 우울증, 불안,
주의장애, 행위장애 그리고 성격장애와 같은 많은 심리적 장애는
증후 출현과 강도의 결핍, 반대, 과잉 현상으로 봐야 한다.

Peterson의 AOE 모델에 따르면 순응성은 창의성의 결여 상태
이다. 호기심의 결여는 흥미의 결손 결과이다. 호기심의 결여 주
장자들의 주장에 따르면 사람이 무엇을 알려고 하는 것은 바람직
하지 못하다. 호기심의 반대는 권태감이지만 지나친 호기심은 우
리에게 큰 해를, 특히 폭력성, 불법약물 복용은 유해성의 수준이
높다.

임상적 감수성을 생각해 보자. 이를 임상적 상황에 적용하였을

때에는 많은 논쟁을 불러일으킬 수 있다. 어떤 사람은 용기, 낙관주의성, 친절의 강도가 결여된 사람이라고 생각하면 용기, 낙관주의성, 친절의 강도가 강한 사람이라고 단정 지을 수는 없다. 사실 특정한 사람에서 친절이나 용맹성이 완전 결여된 사람은 상상할 수 없다. 이러한 점을 고려해서 새로운 강도의 AOE 모델이 출현하게 되었다.

●●●●●●●

DSM 모델에서 과잉-결핍 모델

이제 우리는 DSM에 기초한 증후를 단일 차원, 증후의 유무로 보는 것보다는 성격강도의 결여 수준이나 아니면 그 과잉 수준에서 다룰 필요가 있다. 예를 들어, 결함 혹은 결핍에 비중을 두고 보면 우울증은 부분적으로 희망, 낙관성 등의 결함 혹은 결핍에 기인한 것으로 볼 수 있다. 이는 공정성, 평등 혹은 정의, 행위장애의 기반이 된다.

많은 심리적 장애는 특정 강도의 과잉으로 개념화되는 경우도 있다. 예를 들면, 우울증은 남에 대한 지나친 친절, 자신을 희생하는 현실에 대한 제한된 견해, 과도한 의미(지나친 관여) 등으로 개념화할 수 있다. 조절장애로서의 심리적 장애 강도의 결핍과 과잉으로서의 심리적 장애의 증후군을 〈표 6-1〉에 수록하였다.

성격강도의 결핍만으로 환자에 대한 정확한 진단이 보장될 수는 없다. 영국의 스털링 대학교 교수인 Alex Wood에 의해서 공정

〈표 6-1〉 강도조절장애로서의 주요 심리적 장애

구분	증후	강도조절장애: 결핍 혹은 과잉
(1) 주요우울증장애	우울한 기분, 슬픈 감정, 실망, (남의 눈에 띈다, 눈물 난다), 느림, 안절부절못함, 권태감	즐거움, 낙관성, 자발성, 목적 결여 과잉: 신중, 겸손
	쾌감 상실	흥미, 열정, 호기심 상실 과잉: 자아통제, 만족감
	피로, 느림	열정, 각성 부족 과잉: 긴장이완, 느슨함
	사고 혹은 주의집중능력 부족 우유부단 깊이 생각 자살	결정능력결핍 일탈사고 과잉: 과잉분석 이미, 희망, 사교성, 해결력, 분석력, 확산성 사고, 기타의 결여 과잉: 주의 부족, (방어적) 비관주의
(2) 과과적 기분조절장애	심한 기분노출(말과 행동) 지속적인 안절부절못함	자기조절, 신중성 과잉: 열광

구분	증상	결함/파잉
(3) 불안을 수반한 비특정 우울증장애	지속적 긴장감	만족감(불쾌감내), 감사, 긴장이완, 신중성 부족, 신기
	이상한 불안정감	성 수용능력 부족(호기심)
		파잉: 열정, 취미, 열성
(4) 양극성장애	격양되고 안절부절못하는 감정	침착성, 안정된 마음, 일정 수준의 뇌기능 결함
		파잉: 냉정, 열정
	격양된 자아존중감 혹은 망상	겸손, 자아 및 사회적 지능의 결여
		파잉: 의지, 내성적
	말이 많음	회고, 수교 결여
		파잉: 열정
	과도한 쾌락추구(주연, 성적 무차별, 무차별 사업/정력 선택)	중용, 신중, 검소의 결여
		파잉: 열정(강박), 자기관용
	고통스러운 결과가 예상되는 활동에 지나친 참여(주연 참여 통제 불능, 성적 관심 혹은 변변치 못한 사업계획)	자아통제, 진망, 균형, 겸손, 정서조절의 결함
		파잉: 자조(관용), 열성, 열정, 욕구 충족
(5) 일반 불안장애	현실적 위험이나 예상되는 위험에 대한 과도한 불안	진망, 지혜, 비판적 사고 결여
		파잉: 주의성
	안절부절못함	마음의 안정, 마음챙김, 자발성의 결여
	주의집중/수면 곤란	파잉: 선견지명이 있음, 침착

(6) 격리불안장애	애착대상과의 손실에 대한 지속적 불안	사랑, 사랑할 능력, 사랑받을 능력, 사회적 신용, 낙관성, 유대의 결여 **과잉**: 정동, 자기제어
(7) 선택적 함구증	특정한 사태에서의 언설 실패	주도권, 개인적, 사회적 지능, 사회적 기술의 결여 **과잉**: 신중성, 자기안정
(8) 특수 공포증	특별한 일에 대한 두렷한 불안	용기, 창의성의 결핍 **과잉**: 과민성, 조심스러운 반응
	적극적 회피 혹은 강력한 불안이나 공포 과도한 공포	긴장이완, 마음챙김 상태, 사회적 판단(숙고, 내성)을 이겨낼 용기 합리적 자기 연행 **과잉**: 준수, 각성, 주의
	안전부적못함	안정감, 자기지능, 자기평가, 모니터링, 긴장이완, 마음챙김 상태, 자체성 결여 **과잉**: 주의, 과민성, 반항, 비판
(9) 사회 공포증	사회적 혹은 수행 사태에 대한 공포	용기, 즉흥적 대치, 타인신뢰 결여 **과잉**: 사회적 지능(자신을 관중으로 본다) 부족, 비판적 평가

(10) 광장공포증	대중교통, 주차장, 교량, 극장, 군중과 어울림에 대한 현저한 불안 혼자 외출하는 것에 대한 공포	공개성, 마음의 개방, 융통성 결핍 **파임:** 과민성, 사태에 대한 주의
(11) 공황장애	미치지나 않을까 하는 강한 두려움, 심장박동, 어지러움, 몸, 비인격화, 비현실화 장차 닥치게 될 일에 지속적인 관심	안정감, 사회적 및 개인적 자등, 외부환경에 대한 호기심과 장의성의 결여 **파임:** 예민성, 환경단서에 대한 반응성, 각성
(12) 강박장애	지속적으로 바라지 않는 생각, 충동, 심상이 계속 떠오름 반복적 행동, 정신운동 불안이제를 위한 생각	마음챙김 상태, 건강이완, 호기심, 판조 결여 **파임:** 심사숙고, 내성, 도덕성 혹은 공정성 만족감 결여, 창의성, 융통성, 제어능력의 결함 **파임:** 반성, 내성, 제회
(13) 신체기형장애	밖으로 드러나지도 않은 신체적 결함에 대한 생각에 집착	자기심상상에 대한 집착, 개인의 성격강도, 중용 **파임:** 개인지등, 자기가치, 자기간호
(14) 축적장애	실제 가치와 상관없이 소유물을 버리기가 매우 어려움	중요한 것, 이미 있는 것에 관심을 갖지 않음(신분과 사물 분간 곤란) 인간이나 경험보다 사물과 가공물의 관계, 자신의 욕구를 버리지 못함(동정심 결여) **파임:** 낙관주의, 주의

(15) 외상 후 스트레스장애	반복적으로 불수의적으로 외상적 사건의 기억	희생력의 결여
		정서처리능력, 위험극복능력 결함
		여러 가지 극복기제 탐색
		일관성, 객관성, 희망, 사회적 지지, 외상적 사건의 의미
		외상적 경험
		과잉: 반성, 사건을 부정적으로 봄, 외상적 경험
	강력한 심리적 불쾌감	긴장이완능력 결핍
	외상적 경험을 상징하는 외적 단서에 대한 공포	불쾌한 경험을 보다 좋은 방향으로 되돌리는 능력 결핍
		자기결정능력 결핍
		과잉: 냉정, 주의, 신분유지
	불쾌한 기억 도피(인물, 환경, 대상)	불쾌한 기억을 떨치는 능력 결핍
		과잉: 자기희생 없이 자기기능 보호
(16) 주의결핍 과잉활동 장애	사소한 일에 주의집중 곤란	주의집중력, 사회적 지능 결핍
		과잉: 조심성
	남의 말을 경청하지 않음	
	일, 활동 조직이 어려움	지식, 관리능력의 결핍
		과잉: 열심

지속적으로 주의집중 하는 일이나 정신기능을 요하는		인내력 부족
과제의 싫증		**과잉:** 쾌락
과잉운동		안정성 결여
		과잉: 흥분, 열정
많이 떠듦		사회적 자동 결여(자기가산성)
남의 일에 관여		**과잉:** 열성
자신의 차례를 기다리기 어려움		
(17) 반항운동장애		
고의적으로 사람을 미워함		친절, 동정 결여
		과잉: 온화
자주 화를 냄		용서하지 못함, 감사할 줄 모름, 온전함
분개		**과잉:** 공정, 평등
악의적 복수심이 있음		
(18) 파괴적 충동통제 행위 장애	약자를 못 살게 하는 것	친절, 시민지적 결여
	사람을 협박하는 것	**과잉:** 리더십, 통제, 제어
	훔치기, 남의 가산 파손	정직성, 공정, 정의감 결핍
		과잉: 용기, 공정

(19) 편집성 성격장애	충분한 이유 없이 남을 의심	사회적 지능 결여
	남이 자신을 괴롭힌다고 생각	남을 신뢰하지 못함
	사기 당함	마음챙김 결여
		호기심 결여
		과잉: 주의, 근면
	남의 충성심, 신뢰감을 의심	개인지능 결여
	마지못해 진심을 보임	깊은 애착심을 느끼지 못함
	마음속에 숨어 있는 악의적인 것을 선의로 해석	**과잉: 사회적 기능, 솔직함**
(20) 경계선급 성격장애	지속적 불안정 관계	애정능력 결핍
	상상 혹은 실제 포기	깊은 애정을 느끼지 못하고, 깊은 애정관계, 깊은 애착
		심, 신중성, 친절의 결핍
		과잉: 호기심, 열정, 애착심, 정서적 지능
	이상화	대인관계에서 확실성과 신용 결핍
	절하평가	온전성, 신중성, 공개성의 결핍(한 가지 일에 흐트짐)
		현실주의, 관조,
	자살충동(소비, 거친 운동, 계절스럽게 먹기)	**과잉: 판단, 자발성**
	분노조절	

(21) 자애적 성격장애

과대망상, 긴방감	진정성 부족, 겸손 과잉
청찬받기, 자기 체험함, 거만하게 굼	파잉: 자기경시, 비판
동정심 결여	사회적 지능 결핍 친절(타인에 대한 관심) 파잉: 개인지능(개인적 욕구 혹은 우선결정)
무한한 성공, 권력, 우월성, 아름다움 혹은 이상적 사랑	진정성 결여, 개인지능 결여 파잉: 창의성(환생), 합리화, 지능화
칭호 욕구, 기대감	겸손, 시민권, 공정성 결여
지나치게 호의적 대접받기를 원함	파잉: 리더십, 감사의 욕구
과도한 청친욕구	공정성 결여, 평등, 경의 결여
대인권위	파잉: 집단 체험, 독체 보스
질투	반대, 감사 결여 파잉: 자기보존

(22) 연극성 성격장애

과도한 정서주의 탐색	중용성 결핍 파잉: 개인 및 정서적 지능

과잉성(타인이나 환경의 영향을 쉽게 받음)	일관성 결여 결정, 목표지향 **과잉:** 주의집중의 효율성
부적절한 성하대 과도한 외모관심	명확력, 자아통제 결핍 **과잉:** 정서 표출
힘요감 정서 표출	마음챙김 상태 사회적 적응 결핍 **과잉:** 자발성
자기과시, 과잉정서 표출	성실성 결여, 자신의 욕구, 정서, 흥미, 정서 표출 **과잉:** 정서적 지능, 열광
대인관계 과대평가	사회적 지능 결핍 과시
(23) 강박성 성격장애 세심, 절서정연, 완벽주의	중요성에 대한 전망 결여, 자발성 **과잉:** 지속성, 절서
융통성, 공개성, 효율성보다 대인관계 통제	친절성, 동정심, 주종성 결여 **과잉:** 복종성과 자비성

	행동의 주요 목적이 불분명한 섬세한 일, 규칙, 조직에 사로잡힘	융통성 새롭고 생산적 창의성 결여 **파임:** 완벽, 조직
	여가선용, 우정을 버리고 지나치게 일에 전념	균형, 관심, 관계에 대한 감사 **파임:** 자기관대
	경직성, 완고성	순응력, 융통성, 창의적 문제해결능력 결여 **파임:** 교육, 신중
	지나친 양심 신중성 융통성이 있는 도덕관념 윤리 혹은 가치	전망, 결심, 순응, 융통성, 창의적 문제해결 결여 **파임:** 독선적
(24) 회피성 성격장애	비판이나 거부의 공포 때문에 대인행동 회피	위험을 무릅쓰고 행동할 용기 부족 비판이 두려워 대인관계 회피 **파임:** 자기가성
	부적절하다는 감정 때문에 사회적 고립, 사람 회피, 새로운 대인관계 저지	대인강도 결여 자신의 신분 노출 **파임:** 겸손, 비판적 사고
	호소력이 없고 자신을 다른 사람에 비해 열등하다고 봄	자신감 결여, 자기 효능성, 희망, 낙관성

마지못해 세 행동 준수		
(25) 의존성 성격장애	용기, 호기심 결여	**과잉:** 자기케어, 복종
도움이 욕구 과잉	자립성, 주진력, 리더십 결여	
고독에 대한 공포		**과잉:** 은둔
일상 의사결정 곤란	결심 결여, 전망	
전망 결여		**과잉:** 고도한 분석, 세밀한 일에 몰두
이견 차이 표출 곤란		**과잉:** 앙보 없음
착수곤란	자기효험, 낙관성, 호기심 결여	
		과잉: 조직, 자율성
(26) 반사회적 성격장애	시민정신, 상호목적, 자율성, 존중, 친절성, 용서 결여	
사회적 규칙, 법 준수하지 않음		**과잉:** 용기(위험감행), 활력
	정직 결여	
거짓말 반복		**과잉:** 정직 결여
자신의 이익을 위한 교활	통합성, 도덕성 준수, 동정심	
		과잉: 자기 중심적, 개인지능
신체적 공격, 안절부절못함, 충동성, 공격성	침착성, 관용, 친절, 배려, 남에 대한 지식, 자아통제	
	전망(결과기대능력)	
		과잉: 정신적 및 신체적 폭력, 열정, 앙심, 분기, 편안한 지역 탈출

성의 결핍은 일상생활에 부정적 영향을 준다는 사실이 밝혀졌다. 5,500명의 피험자를 대상으로 한 연구에서 긍정적 특수성이 낮은 사람(자기수용, 자율성, 대인관계, 환경정보, 개인성장)에서 발생하는 우울증 환자는 다른 집단에 비해 발생하는 것보다 7배가 더 높다는 사실이 밝혀졌다(Wood & Joseph, 2010).

긍정적 성격특성이 결여되면 여러 가지 장애가 나타난다. 즉, 산후우울증, 우울증, 신경증적 경향성 그리고 신체적 장애와 같은 것들이다. 이와는 달리 높은 웰빙 성격특성은 부정적 생활경험을 방어한다(Johnson, Gooding, Wood, & Tarrier, 2010).

실제 강도의 결핍이나 혹은 과잉 상태가 긍정적 심리치료와는 어떤 관계가 있는가? Radloff(1977)의 *The Center for Epidemiologic Studies-Depression Scale(CES-D)*는 우울증과 행복의 특성을 측정하는 척도로 널리 알려져 있다(Shaffer, 2006). 이 척도의 추적조사 자료에서 우울증과 행복은 거의 같은 의미로 사용될 수 있으며, 동일한 차원의 서로 다른 단면을 측정하는 것에 불과하다는 연구가 발표되었다(Wood, Tayler, & Joseph, 2010).

성인을 대상으로 한 연구 자료의 분석에서 Alex Wood 등은 CES-D는 가공적인 사실이라는 점을 시사하였다. 우울증과 행복은 동일 차원의 다른 면에 지나지 않고, 이를 따로 분리시켜 연구하는 것은 의미가 없다(Spielberger et al., 1983). 이와 같은 견지에서 보면 측정된 우울증과 행복은 불안-이완의 연속성 개념과 비교될 수 있다.

07

긍정적 심리치료와 성격강도

●●●●●●●
성격강도와 가치

성격강도의 본질과 그 분류체계를 수립한 것은 Christopher Peterson과 Martin Seligman이다. 그들은 2004년에 출간한 『성격 강도와 덕목(*Character strength and values*)』에서 성격강도와 덕 목의 개념, 측정방법 그리고 분류체계를 자세히 소개하였다. 주요 덕목과 성격강도는 〈표 7-1〉과 같다.

〈 표 7-1 〉 주요 덕목과 성격강도의 구조 및 그 기능

구분	주요 덕목					
	지혜와 지식	용기	인간성	정의	절제	초월
성격강도	• 창의성 • 호기심 • 관대함 • 지식 사랑 • 정확한 사물판단	• 용감 • 지구력 • 성실성 • 활력과 열정	• 사랑 • 친절 • 사회적 지능	• 시민권/팀워크 • 공정성 • 리더십	• 용서/자선 • 겸손/정숙 • 신중성 • 자기조절	• 미의 탁월성 존중 • 감사 • 희망과 낙관주의 • 유머와 쾌활 • 영성

● **지혜와 지식**　　　**지식의 습득과 그 활용을 조정하는 인지적 특성**

1. 창의성　　　　　일을 처리할 때 새롭고 생산적인 것이 무엇인가를 생각한다.
2. 호기심　　　　　경험의 확대 – 모든 일에 관심을 갖는다.
3. 관대함　　　　　모든 측면에서 사물을 생각한다.
4. 지식 사랑　　　 새로운 지식, 새로운 기술을 익힌다.
5. 정확한 사물판단　다른 사람에게 현명한 조언을 한다.

● **용기**　　　　　　**난관에 직면하였을 때 목표성취의 의지 및 투쟁**

6. 용감　　　　　　위험, 역경, 도전에 직면해도 위축되지 않는다.
7. 지구력　　　　　시작한 일은 끝을 맺는다. 어떤 난관에 직면해도 하던 일은 지속한다.
8. 성실성　　　　　진실을 말하고 자신의 의견을 솔직하게 표현한다.
9. 활력과 열정　　　정력적으로 생활한다. 중도에서 중단하지 않는다. 모험적 삶을 산다.

● **인간성**　　　　　**내적 갈등에 직면하였을 때 나타나는 특성**

10. 사랑　　　　　 다른 사람과의 관계를 중요시한다. 다른 사람과 친근하게 지낸다.
11. 친절　　　　　 선의를 베풀고 선행을 한다. 사람을 돕는다.

12. 사회적 지능   다른 사람들과 자신의 생각을 헤아린다. 사태에 따라 행동할 수 있다. 무엇이 다른 사람의 마음을 상하게 하는 것인지를 잘 안다.

● 정의   **대인관계의 특성**

13. 시민권/팀워크   집단 성원으로서 일을 성취한다. 집단에 충성한다. 서로 역할을 분담한다.

14. 공정성   대인관계에서 공정성과 정의에 따른다. 모든 사람에게 공정하게 대한다.

15. 리더십   집단 내에서 좋은 대인관계를 유지한다. 자신이 속한 집단의 용기를 돕는다.

● 절제   **과잉성으로부터 자기보호**

16. 용서/자선   잘못을 저지른 사람을 용서한다. 다른 사람의 단점을 수용한다. 복수하지 않는다.

17. 겸손/정숙   자신이 성취한 것은 자기 스스로 간직한다. 남에게 노출시키지 않는다. 자신을 다른 사람과는 다르다고 생각하지 않는다.

18. 신중성   조심스럽게 행동한다. 위험스러운 선택을 하지 않는다. 후회할 행동은 하지 않는다.

19. 자기조절   자신의 행동과 감정을 스스로 통제한다. 자신의 식성과 정서를 통제한다.

● 초월   **속세와의 단절**

20. 미의 탁월성 존중   넓은 우주를 생각하고 거기서 의미를 찾는다. 모든 일에서 미를 발견하고 거기서 탁월함을 느낀다. 자연, 예술, 수학, 과학에서 탁월한 기술을 발휘한다.

21. 감사   선한 일에 감사한다. 감사하는 시간을 갖는다.

22. 희망과 낙관주의   미래의 선을 추구하고 그것을 성취하기 위해 노력한다. 좋은 일은 찾아오기 마련이다.

23. 유머와 패활   웃고 즐기는 깃이 좋다. 즐기오 농담을 킨디.

24. 영성   삶에 있어서 최고의 의미를 추구한다.

성격강도에는 매우 특이한 점이 있다. 즉, 이는 어떤 도구에 의한 측정의 결과를 필요로 하지 않는다. 그것은 소멸되지 않는다. 우리가 가지는 성격강도의 유형은 매우 다양하고 다른 행동 특성과 같이 연구할 가치가 인정되었다. 분류체계는 설명적인 것이 아니고 기술적 특성을 지닌다. 특정한 행동의 설명과 특정한 행동의 기술은 구분되어야 한다.

성격강도와 가치는 모두 도덕성을 요구하며, 다음과 같은 점에서 구분되어야 한다.

- 가치의 범위는 매우 포괄적이다. 이에 비해 성격강도는 보다 세분되어 있다. 예를 들면, 사람과 잘 어울리는 속성은 특수한 속성, 성격강도, 사랑, 친절, 사회적 지능, 팀워크 그리고 감사와 같은 특성을 포함한다.
- 성격강도와는 달리 가치는 사회적 교육에 의해 신장된다. 개인이 이것을 무시하면 선량한 시민의 자격을 상실하게 된다. 다시 말하면, 가치는 개인을 평가하는 기준이 된다.

가치와 성격강도에는 매우 유사한 점이 있다. 여러 가지 성격강도에는 많은 가치가 작용하고, 여러 가지 성격강도는 보다 많은 가치와 관계를 맺고 있다. 우리의 행동은 성격강도와 가치에 의해 크게 지배된다. 우리의 결심이나 행동은 가치와 성격강도에 의해 조정된다.

성격강도와 가치는 우리의 생활만족과 웰빙을 좌우한다. 가치는 성격장애보다 설명적 개념이다. 예를 들면, 성공의 가치는 오직 성공만을 위한 것이 아니라 보다 더 많은 의미가 내포된다. 우리에게는 성공을 평가하는 기준이 있는데 이 기준에는 좋은 친구를 사귀는 것, 건강을 유지하는 것, 조직 활동에 참여하는 것 등이 내포된다. 가치는 개인적 성취, 전문적 성취를 요구한다. 이와 달리 성격특성은 개인적 속성에 역점을 둔다.

성격강도는 재능과는 다르다. 음악이나 육상 경기에 소질, 손재주 같은 것은 선천적으로 타고난 것으로 환경과 교육에 의해 성장하다가 일정한 수준에 이르게 되면 거기서 고정된다.

이와는 달리 재주는 개개인이 스스로 습득하기도 하고 사회교육을 통해서 성장되기도 한다. 재주는 자동적으로 형성된 것이지만 성격강도는 연습을 통해서 형성된다. 재주는 선천적으로 타고나지만 빛을 보지 못하는 수도 있다. 잠정적으로 타고난 성격강도, 친절성, 호기심, 감사, 낙관주의는 재주를 낭비하지 않고 스스로 발견할 수 있다. 재주는 도덕적으로 중성이지만 성격강도와 가치는 도덕적으로 암류, 즉 저변성이다. 이와 같은 사실은 낙관주의적이고 호기심이 많은 열성적인 사람이 만족한 삶을 사는 것을 보면 충분히 이해할 수 있다. 결과적으로 성격강도는 웰빙을 향상시킨다.

<!-- ● ● ● ● ● ● ● -->

정신병리의 세 가지 기준

긍정적 심리치료자에게는 정신병리의 세 가지 기준이 있다.

첫째, 정신적 장애는 개인의 성장, 충족 그리고 행복이 사회적 요인에 의해 좌절될 때 생기는 현상이다. 행복과 정신병리는 개인의 내부세계에서 분출되는 것이 아니라 개인의 사회환경과의 상호작용의 산물이다.

둘째, 긍정적 정서와 성격강도는 근거가 확실한 객관적 실체로서 그 자체의 가치가 인정되는 현상이다. 긍정적 심리 상태는 환자의 용기, 친절, 인내 그리고 정서적, 사회적 지능을 신장시켜 자신의 총체적 기능을 충분히 발휘할 수 있게 도움을 준다. 전통적 심리치료자는 환자의 증후 완화에 일차적 역점을 둔다.

전통적 심리치료자는 환자의 웰빙에는 별로 관심을 두지 않는다. 이와는 달리 긍정적 심리치료자는 성격강도의 특성 발견에 역점을 둔다. 이와 같은 치료자의 서로 다른 태도는 치료 효과에 다르게 나타난다. 환자의 웰빙에 치료자는 성격강도와 증후를 병합하여 최종 진단을 한다. 성격강도와 증후의 자료를 병합함으로써 환자에 대한 보다 넓은 정보를 얻을 수 있다.

셋째, 치료 효과는 환자 혹은 내담자의 성격특성과 치료자의 경험에 의해 결정된다. 이 점에 대해 전통적 심리치료자는 쉽게 동의하지 않는다. 왜냐하면 이들은 내담자의 문제를 분석하고 설명하는 데 일차적 역점을 두기 때문이다.

이와 같은 치료적 분위기에서는 내담자는 자기에게 큰 문제가 있는 것으로 속단하는 것이 보통이다. 그들은 자신의 문제의 근원을 아동기의 트라우마에서 찾으려고 한다. 자신의 문제는 자신이 경험한 아동기 불안, 충족되지 못한 욕구 등이 복합된 산물이라고 생각한다. 이와 같은 내담자의 주장은 치료 과정에서 깊이 논의할 가치가 없다. 그것은 치료자와는 무관하다. 그것보다는 내담자의 긍정적 정서와 긍정적 경험을 신장시키는 것이 무엇보다도 중요하며, 이것이 곧 내담자의 희망의 성격강도를 신장시키는 방법이다.

행동 특성의 진단

일반적으로 심리치료의 과정에서 임상가는 환자의 행동 특성을 주의 깊게 관찰 측정한다. 임상가가 가지는 환자에 대한 관찰 측정된 그의 행동 특성은 환자에 대한 진단 치료에 큰 도움이 된다. 진단자가 진단을 위해 환자의 긍정적 특성과 부정적 특성을 병합할 때 보다 유용한 정보가 될 수 있다. 어느 한쪽에 편향된 정보는 치료자나 환자에게 별 도움이 되지 않으며 두 가지 행동 특성에 대한 정보가 병합될 때 의미 있는 자료가 된다.

환자의 성격강도에 대한 진단은 신빙성이 보장된 정보를 필요로 한다. 환자의 증후에 대한 평가는 긍정적 성격강도의 측정치와 병합했을 때 보다 정확하게 이루어질 수 있다. 이를 위해 몇 가지 점이 폭넓게 고려되어야 한다.

첫째, 성격강도의 특징은 타당도와 신빙성이 보장된 척도를 사용한 측정 자료에서만 얻을 수 있다. 이를 위해 Peterson과 Seligman(2004)의 *Values in Action-Inventory of Strength (VIA-IS)*를 사용한다. 이 척도에 대한 정보는 이 장의 후반부에서 소개하겠다.

둘째, 각 성격강도가 가지는 뉘앙스와 개념을 충분히 이해할 필요가 있다. 이는 문제 증후의 본질을 이해하는 데 큰 도움이 된다. 성격강도의 뉘앙스를 정확하게 파악할 필요가 있다. 성격강도는 보다 정확하게 평가되어야 한다. 이를 위해 여러 가지 방법을 쓴다. 자기 스스로 성격강도의 핵심적 특성을 요약한 메모를 만들고 이 가운데 자기특성과 완전히 일치하는 특성 다섯 가지를 선택한다. 이것이 곧 자기의 지표강도가 된다. 나의 가족, 친구를 통해 자신에 대한 평가를 받고 그것을 기록으로 남긴다. 자신의 경험, 일상생활 지표를 바탕으로 성격강도에 대한 자료를 만든다. 자기 스스로 어떤 목표를 세우는데 이는 자신의 특성을 표상 증후로 쓰기 위해서이다. 이러한 방법으로 증후의 특성을 찾아낼 수 있다.

셋째, 자신의 목표를 설정하고 그 목표를 성취하기 위해 그에 수반되는 특성의 균형 상태를 점검할 필요가 있다. 예를 들어, 내가 호기심을 신장시키고 싶다면 낙관성의 균형 상태를 점검해 볼 필요가 있다. 과도 또는 과잉 수준인가, 결핍 또는 부족의 수준인가. 자신의 강도는 주어진 환경에서 보다 널리 사용될 필요가 있다. 다양한 사태와 그에 사용되는 성격강도는 〈표 7-2〉와 같다.

〈표 7-2〉 성격강도를 활용한 15개 일반도전

No.	도전(증후)	잠재적 성격강도	강도 중심의 조치
(1)	사회화의 결함, 말이 적고, 사회 활동 부족, 친구가 없다.	활기, 흥미, 열광, 자기조정	최소 1주에 1회씩 사회활동, 등산, 걷기, 자전거 타기
(2)	쉽게 포기한다. 일을 완수하지 못한다. 실수를 범한다.	지속성, 근면, 인내	일상생활에서 일을 쉽게 포기하는 요인을 발견하게 한다. 친구와 맺은 약속을 쉽게 포기하는 이유를 발견하게 한다.
(3)	충동적으로 행동한다. 정서나 기분조절이 어렵다.	자아조절, 개인기능	정서폭발의 원인 규명(개인, 정서적 지원), 내담자는 위협에 대한 반응보다는 강도에 기초한 대체행동을 되풀이한다. 예를 들면, 좌절감을 느끼기보다 흥기심을 보이고, 질문에 대해 자기를 해치는 질문을 토로한다. 문제가 계속되면 새로운 이견을 낸다. 그 문제는 해결될 수 있다. 혹은 새로운 해결방법을 제시한다. 다른 사람과 공동으로 해결 가능한 방법을 찾는다(덤위크). 그 문제는 현실적이며 희망적이다(낙관주의).
(4)	다른 사람의 사소한 잘못도 용서하지 않는다. 남의 사과를 수용하지 않는다.	용서, 자비	부정적 정서, 부정적 기억에 대해 토로한다. 범법자에게 동정이나 친절을 갖게 한다. 잘못을 용서한 시간을 최고하게 한다.

(5)	다른 사람에게 진심으로 다정하게 반응하지 않는다. 정서적으로 문제가 있어 보인다.	유머, 놀기 좋아함. 사회적, 정서적 지능	남에게 기분 좋은 무엇을 하고, 선량한 태도를 갖는다. 현존하는 위로 같은 행동을 한다.
(6)	의미 있는 사회적 관계를 가지길 원하면서도 사회적 관계를 회피하고 고독감을 느낀다.	사회적 지능, 용기, 지속성	사회적 상호작용을 요하는 사회적 활동에 참여(사진 찍기, 그림 그리기)한다. 두려움 없이 사회적 활동에 참여해 자신의 의견을 주장한다.
(7)	실패가 반복된다.	희망과 낙관주의	내담자와 일의 계획을 수립하고 내담자가 성공의 원인을 깨닫고 일에 대한 정보와 성공의 비밀을 깨닫게 한다.
(8)	경쟁심이 강하고 성공적으로 일을 수행하기 위해 시간과 에너지를 소비한다. 다른 사람이 자기보다 일을 더 잘 해내면 못마땅하게 여긴다.	시민 권리와 팀워크, 전망, 겸손과 정숙	사물은 생성되면 소멸된다는 과학적 발견함을 교육시킨다. 근면, 검소를 통해 도움을 얻는다는 것을 교육시킨다. 외부의 정찬 없이 일을 하는 것, 겸손이 갖는 장점을 교육시킨다.
(9)	경직된 사고. 변화에 순응하지 못한다. 새로운 사태, 친구, 환경 적응이 어렵다.	호기심, 개방성	호기심과 정서성을 신장시킨다. 이를 위해 많은 사람과 여러 가지 경험을 쌓게 한다. 또 자발적으로 다방면에 대한 지식을 습득하고 반대 의견을 가진 사람과도 열심히 토론한다.
(10)	평생 선행을 한다.	감사, 사회적 지능, 친절	즐거운 일을 하고도 그것을 외부에 노출하지 못한 것을 두고 토론을 한다. 내담자에게 그것을 반성하게 한다. 일상에서의 즐거운 행동을 어떤 행태로든가 기록에 남긴다.

(11)	겸손, 진정성	자신이 수행한 것을 정확하게 평가하고 자신의 경험을 솔직하게 생각해 보게 한다. 자신의 경험을 갈식하고 그 원인을 생각해 보게 한다.
겸손하지 못하다. 자신의 업적을 과대평가한다.		
(12)	전망, 지혜, 신중성	바람직하지 못한 결과를 두고 내담자가 실용적 지혜를 발휘하도록 도와준다. • 자신의 결심이 자신과 남에게 어떤 영향을 주는가? • 그 사태를 낙관적으로 생각하는가? • 보다 나은 결과를 가져올 대안은 무엇인가? • 잠재적 강도 개념을 위한 행동을 하는가? • 외부에서 보다 유익한 정보를 얻는가?
실수를 통해 새로운 것을 학습하지 못한다. 그 잘못을 반복한다. 도덕성, 윤리성 감각이 결여된다. 자신의 실력을 현실문제에 적용하지 못한다.		
(13)	남을 사랑하고 남의 사랑을 받는 사회적 지능	일상생활에서 순수한 사랑을 표시한다. 친구나 주위 사람에게 조그마한 사랑을 표시한다.
스스로 고립을 자초한다.		
(14)	공정성, 정의	수치심이 없다. 다른 사람에게서 긍정적 측면 발전을 위해 노력한다. 다른 사람과 어울리게 한다. 불공정한 대우를 받게 되면 반항한다.
특정한 환경에서 부적절한 행동을 하고 다른 사람에 대한 관심을 갖지 않는다.		
(15)	창의성, 용기, 신속성	일상에서 일에 적응한다. 성공하지 못하게 되면 보다 적응할 수 있는 일을 찾는다.
일에 싫증을 느낀다. 승진의 기회를 얻지 못하고 권태감을 느낀다.		

● ● ● ● ● ● ●
성격강도의 평가

자신의 성격강도에 대한 평가 자료는 치료 계획을 세우고 웰빙 신장을 위해 매우 중요하다. 성격강도의 평가는 아주 간단한 것부터 시작한다.

- 근심 걱정이 없는 세상을 살고 싶은가?
- 행복해지고 싶은가?
- 부유한 삶을 살고 싶은가?

자문자답 형식으로 자신의 성격강도의 특성을 발견할 수 있다. 이와 같은 자문자답의 평가 과정에서 부정적 특성보다 긍정적 특성의 발견에 역점을 두는 것이 바람직하다. 이와 같은 평가태도는 장차 직면하게 될 정신적 문제를 예방하는 데 큰 도움이 된다 (Keyes, 2013).

임상장면에서는 신빙도와 타당성이 보장된 척도에 의한 강도 평가는 필수적이다. 명성이 높고 널리 활용되는 것은 *VIA-IS*이다 (Peterson & Seligman, 2004). *VIA-IS* 자기보고형은 매우 일반적인 측정척도이다(〈표 7-3〉).

〈표 7-3〉 성격강도/덕목 자기평가 검사(*VIA-IS*)

● **평가방법**

다음 문항을 읽고 이것이 나의 성격특성과 얼마나 일치하는지 그 정도를 평가척도에 따라 평가한다.

- 내 성격특성과 완전히 일치한다고 판단되면   5
- 내 성격특성과 다소 일치한다고 판단되면   4
- 내 성격특성과 일치하는 정도가 중간 정도로 판단되면   3
- 내 성격특성과 다소 다르다고 판단되면   2
- 내 성격특성과 전혀 다르다고 판단되면   1에 ○표 한다.

I. 지혜와 지식

1. 창의성: 새롭고 생산적인 방법을 바탕으로 일하는 편이다.

2. 호기심: 문제를 제기하고 탐색하는 편이며 서로 다른 경험과 행동을 시도한다.

3. 판단력: 우연한 성격이고 편견이 없다. 결심을 하기 전에 모든 측면을 철저하게 살펴본다.

4. 지식 사랑: 학교나 가정에서 새로운 아이디어, 개념, 사실을 습득하려고 한다.

5. 정확한 사물판단: 친구들이 나를 같은 연령층에서 보다 영특하다고 생각하고 중요 문제가 생기면 나에게 상담을 청한다.

1	2	3	4	5
1	2	3	4	5
1	2	3	4	5
1	2	3	4	5
1	2	3	4	5

II. 용기

6. 용감: 어려운 일이나 도전에 직면해도 쉽게 포기하지 않는다.

    1 — 2 — 3 — 4 — 5

7. 지구력: 주위가 산만해져도 하던 일은 종결 짓는다. 주의를 다시 집중시켜 하던 일은 완성한다.

    1 — 2 — 3 — 4 — 5

8. 성실성: 나 자신은 진제이고 정직한 사람이라고 생각한다. 나는 언제나 내 가치를 바탕으로 행동으로 행동한다.

    1 — 2 — 3 — 4 — 5

9. 활력과 열정: 나는 정력적이고 즐거운 삶을 산다.

    1 — 2 — 3 — 4 — 5

III. 인간성

10. 사랑: 주위 사람들이 나에게 순수한 사랑과 감정을 보낸다.

    1 — 2 — 3 — 4 — 5

11. 친절: 나는 다른 사람에게 친절한 행동을 한다.

    1 — 2 — 3 — 4 — 5

12. 사회적 지능: 나는 사회생활에서 나를 잘 다스린다. 다른 사람들이 나를 대인관계가 좋은 사람이라고 생각한다.

    1 — 2 — 3 — 4 — 5

IV. 정의

13. 시민권/팀워크: 나는 지역사회의 팀 멤버이고, 내가 속해 있는 집단의 성공을 위해 헌신한다.

    1 — 2 — 3 — 4 — 5

14. 공정성: 나는 불공정한 대우를 받거나 행패를 당하거나 혹은 조소를 당하는 사람이 있을 때에는 그를 도와준다.

    1 — 2 — 3 — 4 — 5

15. 리더십: 다른 사람들은 나를 홀륭한 리더라고 생각한다.

    1 — 2 — 3 — 4 — 5

V. 절제

16. 용서/자선: 나는 원한을 품지 않는다. 나를 해치는 사람도 쉽게 용서한다.

    1 — 2 — 3 — 4 — 5

17. 겸손/겸손: 나는 주위의 중심인물이 되는 것을 좋아하지 않는다. 다른 사람이 빛을 보는 것을 선호한다.

| | 1 | 2 | 3 | 4 | 5 |

18. 신중성: 나는 조심성이 강하다. 나의 행동에 위험이 따르는다는 것을 예기하고 그에 따라 대처한다.

| | 1 | 2 | 3 | 4 | 5 |

19. 자기조절: 나는 도전받는 경우에도 나의 감정과 행동을 잘 조절한다.

| | 1 | 2 | 3 | 4 | 5 |

VI. 초월

20. 미의 탁월성 존중: 나는 자연, 예술, 삶의 여러 분야에서 나타나는 미덕에 깊이 말려든다.

| | 1 | 2 | 3 | 4 | 5 |

21. 감사: 나는 좋은 일을 보면 금과 말로 감사의 뜻을 표한다.

| | 1 | 2 | 3 | 4 | 5 |

22. 희망과 느관주의: 삶에서는 나쁜 일보다 좋은 일이 생길 것을 희망하고 그것을 믿는다.

| | 1 | 2 | 3 | 4 | 5 |

23. 유머와 쾌활: 나는 즐겁게 지내는 편이고 남과 유머를 즐기는 편이다.

| | 1 | 2 | 3 | 4 | 5 |

24. 영성: 종교적 영적 행사에 참여하는 것을 즐긴다.

| | 1 | 2 | 3 | 4 | 5 |

● 결과의 활용

5점 평가척도에 나타난 자료를 통해 자신의 성격강도의 특성에 대한 정보를 얻을 수 있다.

VIA-IS에는 240개 문항으로 된 것, 120개 문항으로 된 것 그리고 72개 문항으로 된 것이 있다(Rashid & Seligman, 2013). 면접을 통한 성격강도 평가법도 있다. 이는 주어진 틀에서 강도를 평가하는 것보다 자유롭고 융통성이 보장된 분위기에 수많은 정보를 얻을 수 있는 것이 특징이다(Flückiger & Grosse Holtforth, 2008). 성격강도의 정보원은 매우 다양하다. 가족, 부모, 친구, 직장상사가 모두 성격강도에 대한 정보원이 되고, 이들에게서 얻은 정보는 나의 사회적 문제의 특성을 이해하는 데 크게 도움이 된다.

자신의 성격강도의 특성을 이해하기 위해서는 널리 그리고 매우 공식적으로 받아들여진 패러곤의 특성을 참고할 필요가 있다. 주요 패러곤과 그 특성은 〈표 7-4〉와 같다.

〈표 7-4〉 주요 패러곤과 그 주요 특성

No.	주요 패러곤	특성
1	Malala Yousafzai(1997~)	용맹성: 파키스탄의 여성교육운동가로 2014년 최연소 노벨 평화상 수상
2	Mahatma Gandhi(1869~1948)	지도력 · 자기조정: 인도의 정신적, 정치적 지도자
3	Mother Teresa(1910~1997)	친절성 · 인간성: 1950년 인도에 사랑의 교회를 세워 45년간 빈민과 고아를 돌본 노벨 평화상 수상자
4	Nelson Mandela(1918~2013)	지도력 · 지속성: 남아프리카공화국 최초의 흑인 대통령
5	Martin Luther King Jr.(1929~1968)	용기 · 자아조정 · 공정성: 흑인 인권운동가, 목사. 1964년 노벨 평화상 수상
6	Albert Einstein(1879~1955)	호기심: 독일 태생의 이론물리학자. 일반상대성이론으로 현대물리학 발전에 크게 공헌. 1921년 노벨 물리학상 수상
7	Charles Chaplin(1889~1977)	유머 · 쾌활성: 영국의 배우, 코미디언, 영화감독
8	Bill Gates(1955~)	이타주의: 하버드 대학교 중퇴. 미국의 마이크로소프트 창업, 기업인.
9	Meryl Streep(1949~)	창의성: 미국의 배우

제2부

긍정적 심리치료: 긍정적 입문

08
긍정적 심리치료 입문

• • • • • • •
긍정적 입문

긍정적 심리치료는 전통적 심리치료와는 달리 개인의 부정적 특성과 긍정적 특성을 균형 있게 조정하는 심리적 치료 기술이며 크게 세 단계로 이루어진다. 첫 번째 단계에서는 자신의 성격 장점에 대한 정보를 수집해서 그것을 균형 있게 정리한다. 두 번째 단계에서는 자신의 성장 발달을 크게 해치는 개인의 부정적 경험이나 감정을 스스로 억제하고 긍정적 정서를 신장시키는 데 역점을 둔다. 세 번째 단계에서는 긍정적 대인관계의 수준을 신장 강화시켜 새로운 인생의 길을 개척한다.

실제 자기 스스로 긍정적 심리치료에 들어가기 전에 몇 가지 점을 숙지할 필요가 있다. 무엇보다도 임상적 치료 환경의 특성을 이해해야 하고 자신의 일상생활에 대한 기록을 작성하는 것이 중요하다. 일상생활에 대한 기록은 곧 감사하는 마음을 신장시키는 수단인데 이 점에 대해서는 감사일기에서 자세히 설명하겠다. 심리치료는 자신의 증후와 강도, 약점과 덕목, 결손과 기술의 균형 있는 수준을 유지하는 데 역점을 둔다.

인간의 뇌에는 긍정적 경험이나 사건보다 부정적 경험이나 사건에 대해 보다 예민하게 반응하는 유전적 기능이 있다. 긍정적 심리치료는 우리의 긍정적 경험의 수준을 신장시키는 데 도움을 주는 치료 기술이다. 우리는 일상생활에서 많은 도전에 직면하게 되는데, 그것을 효과적으로 극복해 나가는데 많은 심리적 자원이 필요하다. 이 자원은 우리의 능력을 신장시키는 데 큰 도움이 된다. 건강은 질병보다 더 가치 있고, 협동은 갈등보다 바람직하며, 강점은 약점보다 바람직하다는 것은 우리가 흔히 경험한다.

● ● ● ●
성격강도

우리는 긍정적 심리치료를 통해 자신에게 유리한 많은 정보를 얻는다. 자신의 성격강도의 특성에 대한 소중한 정보를 얻을 수 있고, 자신의 실용적 지혜를 개발할 수 있다. 실용적 지혜는 우리에게는 지혜의 보고이다. 새로운 직업 선택의 기준에 대한 유익한 정보를 주는 것, 대인관계의 공정성과 친절성의 균형을 유지하는 기술을 제공해 주는 것이 곧 실용적 지혜이다.

긍정적 심리치료를 통해 개인의 성격강도의 긍정적 수준은 크게 신장된다. 슬픔과 불안과 같은 부정적 감정에도 긍정적 강도와 비교될 수 있는 힘이 있다. 이와 같은 사실은 생사의 갈림길에서 환경을 극복한 사람의 극복담을 통해서 쉽게 발견할 수 있다. 그들의 체험담을 들어보면 슬픔과 불안이 역경을 극복하는 데 긍정적 정서보다 큰 도움이 되었다고 한다. 개인의 항의가 복종하는 것보다 더 의미 있는 적응적 수단이 될 수 있고 자신의 고통에서 그 본질을 이해하면 자신이 겪는 고통의 참된 의미도 발견할 수 있다.

● ● ● ●
치료 계획

본격적으로 치료 세션으로 들어가기 전에 자기 스스로 치료 계획을 세우고 그것을 전문가의 도움을 받아 치료 전반에 걸쳐 스스로 검토해 볼 필요가 있다. 스스로 자신이 자기치료를 해 보고자 하는 동기는 있는가, 치료 과정에서 스스로 치료 결과에 대하여 받을 수 있는 피드백은 무엇인가를 점검해 볼 필요가 있다.

치료 세션에 들어가기 전에 치료 계획은 자신의 주어진 환경적 여건에 따라 스스로 정한다. 하루에 시연할 세션의 종류, 그에 주어지는 시간도 스스로 정한다. 주어진 시연의 수행이 뜻대로 되지 않을 때에는 스스로 그 원인을 탐색해서 실행 가능한 계획으로 바꾼다. 치료 계획에 따라 세션 시연으로 들어가기 전에 '부록'에

소개된 스트레칭과 긴장이완훈련을 통해 심신의 긴장을 이완시
킨다. 이때 자기가 좋아하는 음악을 감상하는 것도 긴장이완에 큰
도움이 된다.

● ● ●
치료 동기

긍정적 심리치료에서는 무엇보다도 치료자 자신이 스스로 자기
의 문제를 효과적으로 치료하겠다는 치료에 대한 동기가 중요하
다. 또 자신의 문제를 효과적으로 치료할 수 있다는 신념을 갖는
것이 중요하다. 자신의 성공적 치료를 위해서 사회적 지지가 절대
적으로 필요하다는 점도 스스로 수용해야 한다. 이것들이 모두 치
료자의 성공적 치료를 위한 동기로 귀결된다.

● ● ●
희망

자기치료에 있어서 치료자는 어떤 어려움도 효과적으로 극복할
수 있다는 희망을 가지는 것이 중요하다. 내 문제를 스스로 효과
적으로 치료해 보겠다는 희망이 있어야 한다. 그래서 치료자를 '희
망의 조달자'로 부르기도 한다.

내담자가 가지는 희망은 우울증과 같은 심리적 장애를 성공적
으로 예방할 수도 있고, 발병 후에는 그것을 효과적으로 치료해

나갈 수 있다. 효과적 치료를 위해서 개인은 자신의 성격강점을 긍정적으로 그리고 높이 평가할 필요가 있다. 이를 위해 자신의 성격강도의 특징을 스스로 반복적으로 성찰해 볼 필요가 있다.

성격강도의 특징은 긍정적 입문단계에서 발견되어야 한다. 이를 위해 자기 스스로 자신의 긍정적 성격강도의 특징으로 두고 깊이 숙고할 필요가 있다. 이때 가까운 친구, 가족들이 참여하는 토론일수록 의미 있는 정보를 보다 많이 얻을 수 있다. 긍정적 심리치료를 통해 나 자신은 보다 행복해질 수 있다고 생각하게 된다. 긍정적 심리치료는 나를 스스로 행복하게 하는 치료 기술이지만 그것은 유일무이한 총체적 치료 기술은 아니다. 절대과학은 존재하지 않는다. 전통적 심리치료 기술은 새로운 치료 기술에 의해 대치되기 마련이다.

• • •
보조치료

긍정적 심리치료의 시연 과정에서 유능한 치료자는 자신의 문제에 대한 효과적 치료를 위해 보조치료나 대체치료가 필요하면 그것을 수용할 수 있어야 한다. 동시에 자신의 라이프 스타일은 어떤 변화를 겪고 있는가를 스스로 진단해 볼 필요가 있다.

치료 과정에서 자기 스스로 보다 나은 치료를 받고 싶어 치료방법을 바꿔 보고 싶을 때가 있다. 이에 대한 결단을 내려야 할 때에는 신중히 검토할 필요가 있다. 자신의 문제를 치료하는 과정에서 큰 문제에 직면하게 되면 전문가의 도움을 받아 치료기법의 변화를 시도해 볼 수 있는데, 이것이 곧 보다 확실하고 포용할 수 있는 효과적 치료의 기술이다.

치료 결과의 모니터링

행동은 피드백에 의해 크게 변화시킬 수 있다. 그러므로 자기치료의 방법을 다른 사람의 치료방법과 비교해서 보다 나은 효과가 보장되면 서슴지 말고 치료방법을 바꿔 볼 수 있다. 방법의 변화가 곧 자기에게는 큰 피드백이 될 수도 있다. 자기치료의 과정에서는 자기에게 어떤 변화가 일어나고 있는지 그 과정을 모니터링해 볼 필요가 있다. 왜냐하면 전통적 심리치료의 효과가 크게 문제가 된 역사가 있기 때문이다. 보다 구체적인 자료를 보자.

정신치료를 받은 환자의 30~40%는 치료 효과를 전혀 경험하지 못했는가 하면 치료를 받은 환자의 5~10%는 치료 과정에서 상태가 악화되었다는 사실이 객관적 자료에 의해 입증되었다 (Lambert, 2007).

심리치료라고 해서 이러한 역사적 사실과 전혀 관계가 없다고는 말할 수 없다. 이와 같은 사실을 염두에 두고 치료 과정을 통해 신빙도와 타당도가 보장된 측정도구를 사용해서 치료 과정을 공정하게 모니터링했을 때 큰 도움을 받을 수 있다. 치료 과정에서 상태가 크게 호전되기도 하고 악화되기도 한다는 사실을 스스로 경험할 수 있다. 상태가 악화되고 있다는 사실이 발견되면 그 원인을 찾는데 주의력을 집중할 필요가 있다.

일반적으로 상태를 악화시키는 요인은 많이 있다. 개인이 갖는 치료에 대한 동기 수준의 저하도 주요 요인의 하나이다. 자기 스스로 치료를 성공시키겠다는 마음가짐이 중요하다. 여기에는 여러 가지 방법이 있지만 이 책에서 그것을 모두 언급하는 것은 고려되어야 할 문제이다.

치료 과정에서 이미 치유된 증후나 증후군이 재발되는 사례는 치료자들이 흔하게 경험하는 사실이다. 이러한 사태에 직면한 임상가는 그 원인을 규명하는 것이 무엇보다도 중요하고 자신이 발견한 단서나 조건을 분석하는 것도 그 원인을 밝히는 방법이다.

긍정적 정서

긍정적 정서에는 복잡한 마음의 상태를 힐링시키는 완화의 기능은 물론 자기 스스로 치료를 받겠다는 동기 수준을 신장시키는 기능이 있다. 또 자기 스스로 즐거움을 느끼고 호기심의 범위를 확대시키는 기능이 있다.

긍정적 심리치료의 효과는 치료가 종료되자마자 나타나지 않는다. 그것은 치료 후 상당한 시간이 지나야 나타난다. 왜냐하면 행동변화에 대한 동기는 여러 가지 복잡한 변화 과정은 물론 심리적 변화도 겪어야 하기 때문이다. 치료를 받겠다는 동기 수준은 환경

변화에 따라 크게 달라지므로 변화의 본질을 자기 스스로 성찰할 필요가 있다.

보다 효과적인 성찰을 위해서는 주위의 사람, 예를 들면 가족이나 가까운 친구의 도움을 받을 필요가 있다. 중요한 것은 자기 스스로 심리치료의 본질에 대한 정확한 지식의 축적이다. 모든 치료에는 치료 기술의 문제가 따른다. 발견된 문제는 수정되어야 하는데, 이는 과학적 심리치료의 이론과 그에 수반되는 기술을 요구한다.

09
감사일기

- - -

감사일기

우리는 긍정적 사건을 경험하거나 그러한 환경에 직면하게 되면 자기도 모르게 감사하는 마음이 자연스럽게 생기고 그때 긍정성의 가치와 그 의미를 다시 생각하게 된다. 이와 같은 감사의 마음은 우리의 긍정적 정서와 긍정적 사고 능력의 수준을 크게 향상시킨다.

감사하는 마음에는 여러 가지 긍정적 기능이 있다. 임상시험 자료를 보면 감사하는 마음을 가진 사람이 우울증으로 고통받는 일은 매우 낮다. 왜냐하면 감사하는 마음에는 이미 오래 전에 경험한 부정적 경험을 긍정적 경험으로 변화시키는 기능이 있으며, 이 기능에 의해 심리적 장애는 예방되기 때문이다.

감사하는 마음의 수준은 개인의 노력에 따라 변화될 수 있다. 감사하는 마음의 상태는 여러 가지 방법으로 변화시킬 수 있는데 지속적으로 감사일기를 쓰는 것도 하나의 방법이다. 이 방법에는 습관을 통해 개인의 긍정적 극복 책략의 기능을 신장시킬 수 있다. 신장된 긍정적 극복 책략을 통해 개인은 스스로 직면하는 스트레스를 보다 효과적으로 극복할 수 있다.

감사일기에 의한 행동변화

일정 기간 감사일기를 쓰고 나면 자기에게 여러 가지 변화가 따르고 그 변화는 다양한 형태로 나타난다. 중요한 것으로는 다음과 같은 것이 있다.

- **최적의 유익성**: 감사하는 마음은 개인의 굳건한 사회적 유익성의 기반이 된다.
- **자기가치 · 자아존중감 신장**: 감사하는 마음은 자신의 가치와 자아존중감을 신장시키고 나를 포함한 다른 사람에 대한 신뢰감을 주며 자기 연민에 빠지는 것을 방지한다.
- **스트레스 극복**: 감사하는 마음에는 스트레스나 역경 극복 기능이 있다. 쇼크를 경험한 사람에게는 용기가 삶에 도움이 된다는 것을 깨닫게 해 준다.
- **남을 돕는다**: 감사하는 마음을 가진 사람에게는 주위 사람을

돕고 그들에게 친절을 베풀고 서로 도움을 주고받는 호혜의 감정이 있다. 물질 탐욕을 하지 않고 자기가 가진 것에 대해서 감사하는 마음을 가진다.

- 보다 나은 대인관계: 감사하는 마음을 가진 사람은 보다 좋은 대인관계를 갖는다. 내가 남의 친구와 가족의 가치를 높이 평가하면 그들도 자기의 가치를 높게 평가한다. 우리가 그들을 행복하게 하면 그들도 나를 행복하게 한다.

- 부정적 비교를 삼간다: 감사하는 마음을 가진 사람은 나를 다른 사람과 비교하지 않는다. 나의 가족, 친구, 가정에 감사하는 마음을 갖는 사람은 다른 사람에게도 항상 감사한다.

- 부정적 시간을 줄인다: 감사하는 마음을 가지면 부정적 정서에 사로잡히는 시간이 줄어든다. 감사하는 마음은 죄의식이나 불안의 감정을 경감시킨다.

- 급하지 않은 적응: 누구나 새로운 직장을 갖게 되면 즐겁고 행복한 감정에 사로잡히지만 불행하게도 그것은 오래 지속되지 않는다. 즐거운 마음도 행복한 감정도 내 마음에서 떠난다. 이를 지키려면 즐거움, 행복 그리고 가치의 의미를 깊이 이해해야 한다.

누구나 복잡한 문제에 직면하게 되면 자신과 다른 사람을 부정적으로 비교하는 경향이 있다. 그들은 자신의 가치를 평가절하하고 부정적 경험을 회상하며 자신은 그 희생물이 되어 간다고 생각한다. 이와는 달리 감사하는 마음을 가진 사람은 자기를 남과 긍정적으로 비교한다. 선한 경험은 사려가 깊지 못하면 감사하는 마음을 가질 수 없다.

긍정적 심리치료 시연을 통해 우리는 다른 사람이 주는 감사의 뜻을 고맙게 생각한다. 감사하는 마음을 가진 사람은 양질의 수면 생활을 할 수 있다. 보다 많은 수면을 취할 수 있기에 보다 활발한 주간 활동이 보장된다. 수면 전의 인지활동은 감사하는 마음과 수면의 질을 좌우한다. 감사하는 마음을 가진 사람은 부정적 사고보다 긍정적 사고를 한다. 수면 전의 부정적 사고는 수면을 방해하고 긍정적 사고는 수면을 촉진시키고 수면에 긍정적 영향을 주며 활발한 사고를 촉진시키고 수면의 질을 향상시킨다.

· · · · · · ·

감사일기 쓰기

감사일기를 쓰기 전에 다음과 같은 점을 되새겨 볼 필요가 있다. 인류의 진화과정을 보면 평범한 개인은 성공한 것보다는 실패한 경험이 많다. 사람에 따라 크게 다를 수 있다. 그래서인지 우리는 긍정적인 경험이나 사건보다 부정적인 경험이나 사건에 보다 많이 마음을 쓰는데, 이것이 곧 부정적 편향(negativity bias)이다.

사람들은 긍정적 경험보다 부정적 경험에 보다 많은 시간을 보낸다. 또 긍정적인 사건이나 경험보다 부정적인 사건이나 경험을 보다 깊이 분석하고 회상하는 경향이 있다. 이러한 인간의 선천적 성향 때문에 우리는 생활만족을 최소화하는 반면 심리적 문제는 확대한다. 보다 행복한 삶을 위해 우리는 부정적 경험보다 긍정적 경험에 주의를 기울일 필요가 있다.

우리는 긍정적 경험을 쉽게 망각하지만 부정적 경험은 오랫동안 마음속에 간직한다. 보다 행복한 삶을 위해 우리는 모든 일에 감사하는 기술과 습관을 신장시켜 나갈 필요가 있다.

모든 사람의 행복은 쉽게 얻어진 것이 아니며 그것은 스스로 쟁취하려고 노력하는 사람에게만 주어지는 선물이다. 아무 노력 없이 얻어지는 것이라고 생각하는 것은 금물이다. 모든 행복은 요행과는 거리가 멀다. 이러한 생각은 평생을 두고 간직해야 한다. 날마다 새롭게 감사하는 마음을 갖는 것은 가장 현명한 생활인의 태도이다.

감사일기는 자신이 매일 잠들기 전에 자신이 그날 경험한 즐거웠던 것 세 가지를 기록한다.

- 왜 이런 즐거운 일이 생겼는가, 이것이 갖는 의미는 무엇인가?
- 이것을 회상하는데 시간이 얼마나 걸렸는가?
- 이런 좋은 일에 자신이 얼마나 노력했는가?

제3부

긍정적 심리치료의 자기 시연:
세션에서 세션으로

10 긍정적 심리치료의 자기 시연

10
긍정적 심리치료의 자기 시연

● ● ● ● ● ● ●
실용적 지혜

자신이 직면한 스트레스나 부정적 정서를 효과적으로 극복하는 데 도움을 주는 것은 균형이 잡힌 실용적 지혜이다. 긍정적 심리 치료에서는 실용적 지혜에 대한 Aristoteles의 주장에 큰 비중을 둔다. 즉, 보다 의미 있고 도덕적 삶을 위해 자신의 성격강도를 보다 긍정적으로 활용하는 방법을 습득해야 한다.

성격강도의 적절한 활용은 실용적 지혜의 기본이며, 이는 곧 자신이 직면한 스트레스와 부정적 정서를 극복하는 데 큰 도움이 된다. 즉, 자신의 목적을 성취하는 기본적 기술이 된다. 추상적인 지표강도가 구체적인 행동으로 표출될 때 그 성격강도가 가지는 참된 의미를 이해하게 된다.

현실사태나 도전 그 자체는 가장 적절한 행동에 대한 정보를 제공하지 못한다. 그 관계는 결과에 의해 입증된다. 예를 들면, 사랑의 학습이 지표강도로 나타났다면 이 결과는 특정한 용어로 나타날 것이고, 영성이 지표강도로 나타났다면 자기보다 더 넓은 세계에 관심을 갖게 된다. 특정한 행동을 통해 영성의 특성이 두드러지게 나타난다. 개인행동의 특성은 지표강도의 표출이면서 이는 창의성과 깊은 관계를 가지게 된다.

자신의 지표강도와 주어진 사태와의 관계를 파악하는 것은 쉽지 않다. 용서가 지표강도인 경우를 생각해 보자. 이 지표강도의 관계성은 그 내용이나 대인관계의 요인에 의해 결정된다. 용서와 같은 지표강도는 특별한 사태, 특별한 사람에게만 적용되는 것으로 모든 사람에게 적용될 수 없다. 과거의 경험이 용서와 같은 지표강도와 어떤 관계가 있었는지가 중요하다. 특수한 지표강도는 특수한 사태와 관계가 있다. 그러므로 주변인의 관계를 결정하는데 어떤 지표강도가 바람직하고 건전한 관계가 있는지 신중히 검토할 필요가 있다.

실용적 지혜는 직면한 어려운 사태를 이해하고 해결하는 기술이다. 효과적인 갈등의 해결을 위해서는 적절한 지표강도를 활용해야 한다. 또 그것이 다른 사람에게는 어떤 영향을 주는가를 성찰할 필요가 있다. 이때 필요한 것이 실용적 지혜이다.

우리 자신의 동기에 대한 이해는 실용적 지혜를 필요로 한다. 우리가 어떤 일에 실패하였을 때 스스로 우리 자신이 왜 실패했는지 그 원인을 찾아 그것을 수용할 수 있어야 한다. 그러나 그것은 쉽지 않다. 이러한 경우 용기와 겸손의 강도가 필요하다. 이 기술을 향상시키기 위해서는 과거를 돌아보고 자신의 역할과 책임을 성찰할 필요가 있다. 자신의 과오를 통해 무엇을 학습할 것인가를 깊이 성찰하고 그것이 남에게는 어떤 영향을 주는지도 깊이 생각할 필요가 있다.

실용적 지혜를 향상시키기 위해 필요에 따라 주어진 사태에 적절하게 순응할 필요가 있다. 문제해결의 가능성이 보이지 않는 사태에서 자신의 주장을 고집하는 것은 과학자의 태도가 아니다. 비효율적 접근을 고집하는 한 의사의 경우를 두고 생각해 보자.

의사는 자신의 편의에 따라 환자를 위해 봉사할 시간의 균형을 유지해야 하고, 암환자를 다루는 의사가 말기 환자의 부모에게는 어떻게 말할 것인가 신중하게 고려해야 한다. 복잡한 생활을 살다 보면 좋고 나쁜 것을 구분하기가 어려울 때가 있다. 모든 규칙이나 정책에도 이런 사례가 많다. 규칙을 엄격하게 적용하다 보면 그것이 개인의 동기를 좌절시키는 경우가 있다. 주어진 지표강도를 적절하게 활용함으로써 주어진 사태를 보다 효과적으로 극복해 나갈 수 있다.

실제 나의 지표강도가 다른 사람에게 주는 영향을 생각해야 하고, 이것이 실용적 지혜가 나에게 요구하는 것임을 알아야 한다. 나의 지표강도가 도덕적으로 어떤 의미를 함유하고 있는가도 성찰해야 한다. 실용적 지혜를 향상시키기 위해서는 주어진 사태가 요구하는 것을 충족시키는 데 관심을 가져야 한다.

문제해결이 어려울 때에는 접근방법을 변화시키는 것이 효과적이다. 자신이 습득한 실용적 지혜는 본인이 보존할 수 있어야 한다. 그럼으로써 자신은 물론 주위 사람들이 직면한 문제를 해결하는 데 도움을 줄 수 있다. 자신의 지표강도가 다른 사람의 것과 다를 때가 있다. 예를 들면, 어떤 일을 성취하기 위해 용기를 내서 새로운 방법을 모색하는데 신중성이라는 반대 특성에 부딪히게 되는 경우도 새로운 견해를 갖고 싶을 때에는 맹목적으로 규칙이나 법칙에 따를 필요가 없다.

효과적인 문제해결을 위해 활용할 지표강도가 생각나지 않을 때에는 우선 정서에 호소해서 그 사태가 요구하는 것이 무엇인지 마음속으로 결정해야 한다. 행동으로 옮기기 전에 이성으로 상대방의 감정을 들어보라. 다른 사람의 지표강도를 통해 자신의 정서를 신장시켜 본다.

올바른 행동을 위한 자신의 적절한 지표강도가 무엇인지 확인해 보자. 주위에 있는 현명한 사람으로 생각되는 사람에게 올바른 행동이란 무엇인지 자문을 해 보자. 모든 사태가 지표강도에 의해서 해결되지 않는다는 점을 이해하고 자신의 다른 지표강도를 탐색하는 것을 두려워하지 말라.

● ● ●
자기 향상

누구나 자신의 사회적 지위를 높이고, 험한 도전을 성공적으로 극복하며 웰빙 수준을 향상시키고 싶어 한다. 하지만 그것은 쉽지 않다. 그것을 실현하는 데에는 많은 시간과 노력이 필요하다. 왜냐하면 거기에는 많은 방해물이 통로를 가로막고 있기 때문이다. 최선의 자기는 그것을 성취하고자 하는 투쟁에 의해서 이루어진다. 사람들은 자신의 목표와 욕구가 다른 사람과 일치할 때 또 주위의 환경이 자신의 목표 달성에 도움이 된다고 생각될 때 그것을 성취하고자 하는 욕구가 보다 더 강해진다.

자신의 목표를 기록으로 남기는 것은 여러 가지 측면에서 유익하다. 특히 자신의 목표에 대한 기록은 치료 효과를 상승시킨다. 트라우마, 부정적 경험, 극복하기 힘들었던 생활경험에 대한 기록은 후에 그것을 극복하는 과정에 큰 도움이 된다(Pennebaker, 1997). 긍정적 경험에 대한 기록을 작성하는 것은 건강 상태를 촉진시키는 효과가 있다. 이는 우리에게 위안감을 주기 때문이다(King & Milner, 2000). 최선의 자아는 많은 사람의 선망의 대상이다. 자신의 목표를 기록으로 남기고 그것을 다른 사람과 의견을 나누는 사람은 그렇지 못한 사람에 비해 자신의 목적 달성을 보다 효과적으로 이루어 낸다(Hortop, Wrosch, & Gagné, 2013).

사람은 누구나 보다 즐겁고 희망이 있으며 낙관적인 삶을 즐기고 싶어 한다. 그들은 단순히 슬픔과 공포가 없는 생활에 만족하지 못한다. 누구나 자기 발전을 위한 계획을 가지고 있고 자신을 개발하는 데 많은 관심을 가지고 있다.

이와 같은 욕망을 충족시켜 주기 위한 기술도 있다. 그것이 곧 과학자들이 개발한 긍정적 심리치료이다. 이는 개인의 성격강도와 증후를 동시에 치료하는 기법으로 전통적으로 사용되는 피부

미용의 방법과는 달리 식물의 방향이나 정유를 사용한 방향요법
과 비교될 수 있다.

개인의 지표강도의 특성은 일상생활에서 큰 비중을 차지한다.
지속적인 자기계발 플랜을 만들 필요가 있다. 이를 위해 자기 스
스로 주요한 몇 가지 자료를 준비할 필요가 있다. 왜 이런 계획을
세우게 되었는가? 보다 나은 나 자신을 개발하기 위해서는 어떻게
노력해야 하는가? 이 과정에서 인간은 누구에게나 성장, 웰빙, 번
창 기능이 있음을 기억할 필요가 있다.

한 인간의 생활은 지속적으로 목적을 추구하는 과정이다. 보다
많은 재물을 축적해 보고 싶고 보다 더 높은 명예를 얻고 싶어 한
다. 긍정적 심리치료는 이러한 개인의 욕망 성취를 위해 조언하고
개인의 핵심가치의 향상을 장려하는 데에도 큰 관심을 갖는다.

사람들은 자신의 행복을 자기 목표에 조화시키려는 성향이 있
다. 개인의 목표는 자신에 의해 선택되고 결정된다. 내가 원하는
것을 가장 정확하게 판단하는 것은 자기이다. 불안이나 우울증에
빠지게 되면 자기가 원하는 것, 말하고자 하는 것을 분명하게 기
술하는 기능이 손상되는 수가 있다.

자신의 지표강도 특성을 깊이 분석할 수 있는 사람은 자신이 원
하는 것, 어떤 사람이 되기를 원하는지 확실하게 안다. 자신이 어
떤 사람이 되기를 원하는지를 아는 사람은 내가 어떤 사람이 되기
를 원하는지 그 동기를 충분히 이해한다.

내가 원하는 것, 어떤 인물이 되기를 원하는가를 기록하는 것이
자아성장 플랜이다. 이 플랜에는 내가 무엇을 원하는가, 어떤 인

물이 되기를 원하는가, 여기에는 자기가 성취 가능한 목표가 구체
적으로 포함되어야 한다. 이런 플랜을 친구나 가족과 수시로 이
야기 나눌 수 있을 때 자신의 목표는 보다 성공적으로 성취될 수
있다.

누구에게나 자기 특유의 자아가 있다. 내가 좋아하는 사람도 있
고 싫어하는 사람도 있다. 자기 향상의 기술을 통해 자기 스스로
보다 높은 수준으로 개발하고 싶은 것도 있고 버리고 싶은 것도
있다. 일단 자신이 내가 원하는 사람이 결정되면 어떤 특수한 바
람직한 특성을 계속 반복해서 그려 본다.

보다 나은 자기로 발전시키고 싶으면 자기가 원하는 행동방식
을 결정해야 한다. 이어서 자기 스스로 유지할 수 있는 방법도 숙
고해 볼 필요가 있다. 일상생활에서 지속성은 매우 중요하지만 그
것은 자기 스스로 하던 일에서 일탈해서는 안 된다는 의미가 내포
된 것은 아니다. 경우에 따라서는 자기가 하는 일에 변화를 가져
올 수도 있다. 그럼으로써 자신의 목표를 보다 효과적으로 수행할
수 있다. 자신의 목표를 수행하는 과정에서 환경의 변화에 따라
수행하는 일을 생략할 수도 있고, 그 일을 다음 기회로 미뤄 둘 수
도 있다.

자기 향상의 기술은 자신을 최고의 인물로까지는 아니지만 보
다 나은 자기계발에 큰 도움이 된다. 자기 향상의 기술이 누적되
면 그것이 궁극적으로는 보다 바람직한 자기 수준으로 향상시키
는 데 도움이 된다. 자기 향상의 기술은 완전무결한 치료는 아니
며 치료 기술 그 자체에 여러 가지 부정적 기능이 따를 수 있다. 그

러므로 보다 높은 자기 향상의 수준으로 향상시키기 위해서는 자기 자신뿐만 아니라 주위 사람들의 지속적인 도움이 필요하다.

● ● ●
기억

우리의 기억에는 두 가지가 있다. 부정적 정서를 유발하는 기억이 있고, 긍정적 감정이나 정서를 유발하는 기억이 있다. 전자를 열린 기억(open memory), 후자를 닫힌 기억(closed memory)이라고 부른다. 열린 기억 혹은 부정적 기억은 치료 효과를 해치는 사례가 많다. 분노를 하거나 펀칭백을 치면 그것이 곧 공격적 행동을 유발할 수가 있다. 분노는 심장병을 유발할 위험이 크다. 열린 기억과 부정적 기억이 비관적 사고로 이어지면 궁극적으로는 스트레스 수준을 증가시킨다. 일상생활에서 우리가 적절한 시기에 적절하게 감정 처리를 하지 못하면 다른 사람이 원한을 품게 되는 사례가 많고, 더 나아가서 상대방을 나쁜 사람으로 분별하는 버릇이 생긴다. 부정적 기억을 가진 사람에게는 고혈압과 같은 장애가 빈번하게 수반된다.

열린 기억 혹은 부정적 기억에는 심리학적, 사회학적, 생리학적 기능이 있다. 보통 사람들에게 정신치료가 어떤 것인지 아느냐고 물으면 과거에 경험했던 분노와 좌절을 실토하는 곳이라고 대답하는 사람이 매우 많다. 또 많은 사람은 정신치료는 자신의 심리적 문제를 스스로 해결하지 못하고 전문가의 도움으로 문제를 해결하는 치료방법이라고 생각한다.

대부분의 전통적 심리치료자는 분노치료에 역점을 둔다. 이와 같은 사실은 정신치료자에게 많은 영향을 주었다. 부정적 기억을 되새기는 것은 우울증 환자의 치료에 아무런 도움도 되지 못한다 (Anderson et al., 2006). 경우에 따라서는 치료 상태를 악화시키기도 한다.

자신의 분노를 드러내거나 펀칭백을 치게 되면 분노가 솟아오르고 더 나아가서는 공격적 행동을 하게 된다. 분노가 심장질환을 유발하고 원한의 감정을 솟구치게 한다. 과거의 부정적 기억을 반복하는 것은 우울증의 징후를 유발시키기도 하고 기존의 우울증의 증후를 악화시키기도 한다.

부정적 기억은 비관적 감정을 유발하여 스트레스 수준을 높이는 결과를 가져온다. 만일 이것을 적절한 시기에 적절한 방법으로 표출하지 못하면 마음속에 저장된다. 더욱 위험한 것은 부정적 기억이 다른 사람에 대해 부정적 감정을 가지게 된다는 점이다. 결과적으로 그를 불량한 사람으로 각인시켜 버린다.

일반적으로 상대방을 평가할 때 그의 외현적 특성은 물론 내면적 특성까지도 알고 싶어 하는데 이런 행동이 반복되면 그것을 반추라고 한다. 반추 과정을 통해 그를 보다 깊이 이해할 수 있다. 하지만 그것은 우리에게 큰 도움이 되지 못한다. 부정적 기억의 반추에는 부정적 영향이 따르고, 우정이 손상되며, 사회적 지지를 받지 못하게 된다.

누적된 원한의 감정은 고혈압 유발의 원인이 되기도 하고 혈압

상승과 심한 동통을 야기한다. 부정적 기억과 원한은 반추적 사고에 빠져들고, 심한 경우에는 인지기능을 손상시켜 개인의 문제해결 능력까지 손상시킨다. 다행히 부정적 기억은 자신의 노력으로 효과적으로 극복된다.

자신의 힘들었던 과거의 경험을 두고 생각해 보자. 힘들고 어려웠던 일도 궁극적으로는 긍정적 결과를 가져오는 수가 있고 스스로 고맙게 생각하기도 한다. 견디기 어려웠던 경험 속에서 긍정적 측면을 생각해 보자. 그에 대해 크게 고맙게 생각할 것이다. 이것을 닫힌 기억이라고 한다.

열린 기억이나 닫힌 기억은 우리의 생활에서 큰 비중을 차지한다. 열린 기억은 강한 부정적 영향을 주는 것으로 그것이 쉽게 해결되지 못하면 증후의 복합체로 발전한다(Harvey et al., 2004). 이러한 기억이 장기간에 지속되면 정신적 건강을 해치는 결과를 가져오는데, 이를 예방하기 위해서는 긍정적 평가를 해 볼 수 있다. 이는 의미를 기초로 한 일종의 극복 책략으로, 이는 유해한 경험이나 사태를 보다 긍정적으로 재해석하는 것이다(Cooney et al., 2007).

우리는 많은 불쾌한 부정적 기억 속에 살고 있다. 그 가운데 몇 가지 부정적 기억을 들자면 다음과 같은 것들이 있다. 나는 보다 많은 바람직한 일을 하고자 하는데 배우자는 나에게 과거의 쓰라린 경험을 토로한다. 내가 보다 바람직한 일에 착수하려고 할 때 과거의 쓰라린 경험이 머릿속에 떠오른다. 내가 어떤 일을 하고자 할 때마다 과거의 일을 생각해 보게 한다. 내가 하고자 하는 일은 이미 그 타당성이 입증되었다. 나를 해치는 배우자도 용서하지만 그를 신뢰하기는 쉽지 않다. 내가 실제 어려운 일에 직면하였을 때 내 편에 서지 않으면 화가 난다.

부정적 기억을 회상할 때마다 분노가 치밀고 슬픈 생각이 든다. 이러한 생각은 자신과 가까운 사람이 위협을 당하거나 심리적 상처를 받는 것을 목격하였을 때는 더 강렬하게 나타난다. 우리는 원한을 품으면 상대방이 처벌받기를 원한다. 이는 정의감이 내재하고 있음을 뜻한다. 원한의 대상이 아니라 그와 같은 감정을 가진 사람이 손상을 입게 된다. 긍정적 심리치료자는 열린 쓰라린 부정적 기억을 다음과 같은 긍정적 평가기술로써 보다 성공적으로 처리할 수 있다.

첫째, 심리적 공간을 비축한다. 우선 부정적 기억과 나 자신 사이에 심리적 공간을 구축한다. 나의 쓰라린 부정적 경험을 제3자의 관점에서 기술해 본다.

둘째, 내가 부정적 기억에 깊이 빠지게 되었을 때에는 모든 일에 주의를 집중하는 것이 불가능하다. 이런 경우 심신의 긴장을 이완시키면 현재 자신이 직면하고 있는 스트레스를 효과적으로 경감시켜 나갈 수 있다. 그리고 나서 긍정적 기억을 회상해 본다.

셋째, 마음챙김 자아집중은 자신이 열린 기억에 사로잡힌 상태로부터 효과적으로 해방되는 데 도움이 된다. 마음챙김 자아집중 상태에서는 자신의 내적 및 외적 사건을 보다 긍정적으로 수용하게 된다.

넷째, 주의전환, 열린 기억, 쓰라린 기억이 되살아나면 곧 받아들이면서 자신이 하고 싶은 일에 관심을 돌린다. 곧 자신의 주의 대상이 달라진다. 이렇게 되면 열린 기억을 중단할 수 있다. 주의 전환이 어렵지 않게 쓰라린 경험도 쉽게 회상해 낼 수 있다. 더 나아가 보다 건전한 적응행동에 주의하는 것이 바람직하다.

습득한 기술을 보존하기 위해서는 열린 기억에서 벗어나기 위해 노력한다. 이때 긍정적 평가의 기술을 활용하면 큰 도움을 받을 수 있다. 이 기술을 성공적으로 활용하면 새로운 열린 기억을 하게 된다. 이 기억도 역시 내 자신을 괴롭히기는 하지만 그것이 트라우마로까지 발전하지는 않는다.

조용하고 편안한 환경을 찾아 마음챙김훈련을 하면 이전의 긍정적 심리치료에서 경험한 것과 같은 기억을 경험할 수 있다. 심호흡을 통해 정서 상태를 유지한다. 정서적으로 혼란을 느끼지 않으면 자기치료를 계속한다. 이때 크게 부정적 혼란을 느끼지 않으면 부정적 정서를 회고한다. 심리적으로 손상을 받는다고 느껴지면 과거의 기억, 현재의 기억을 추가하여 기억해 본다. 그것이 더 나아가 자신의 웰빙과는 어떤 관계가 있는가를 회고해 보고 부정적 경험을 다른 방법으로도 생각해 본다.

만일 열린 기억 때문에 지속적으로 심리적 고통이 오면 사건이 일어났을 때 무심코 지나쳐 버린 사건의 긍정적 측면을 회상한다. 일반적으로 부정적 편견 때문에 사태의 긍정적 혹은 적응적 측면이 주의의 대상이 되지 못하는 경우가 있다. 긍정적 측면이 주의의 대상이 되지 못하였다고 생각되면 그것을 보다 자세히 탐색해 볼 필요가 있다.

용서

용서한다는 것은 무엇을 의미하는가? 그것은 일어난 일시적인 사건이 아니라 변화의 과정이다. 부정적인 원한을 기반으로 한 정서, 원한 그리고 인지 과정을 경감시키는 과정이다(Worthington, 2005). 상대방에게 원수를 갚겠다는 것이 아니고 자기에게 가해를 한 상대방에게 자기 스스로 친절을 베풀고, 상대방에게 깊은 동정을 베푸는 과정이다.

용서는 감정의 변화, 신체적 및 정신적 건강, 피해자의 인권 회복을 통한 심리적 힐링을 돕는 과정이다. 이는 피해자와 가해자 간의 화해를 촉진하고, 그들 간의 갈등을 해소시키는 과정이다 (Cornish & Wade, 2015).

용서에는 여러 가지 의미가 내포되어 있지만 다음과 같은 사실에는 적용되지 않는다는 점에 주의할 필요가 있다(Enright & Fitzgibbons, 2015). 즉, 가해자에 대한 관대, 사회적 수용 가능성을 바탕으로 정의의 요건을 완화, 비행 및 범법 행위의 묵인, 범법자의 행동이 옳다는 가정하에서 일을 추진하는 정당화, 시간이 만사를 해결한다는 가정이다.

용서는 다섯 가지 단계, 즉 REACH의 단계를 거쳐 수용된다 (Worthington, 2006).

• 1단계: 회상의 단계(R)이다. 눈을 감고 편안한 자세를 취한다.

나를 괴롭히는 사람과 그가 나에게 어떤 영향을 주었는지를 생각한다. 자기연민에 빠지지는 말자. 깊은 숨을 천천히 쉬면서 지난날의 경험을 회상하고 이를 2~3분간 지속한다. 나를 화나게 한 사람이나 사태를 생각해 본다.

- 2단계: 범죄자의 입장에서 감정이입(E)을 한다. 자신의 삶이 고달플 때 무관한 사람을 심하게 괴롭힌다. 동정도 용서의 가장 중요한 구성요소이다. 동정은 이해관계를 떠나서 정서나 경험의 특성을 포함한다.

- 3단계: 용서의 이타적(A) 선물이다. 나는 언제 법을 어기고, 그에 대해 죄의식을 느끼며, 언제 용서를 받았는지 회상해 본다. 이는 다른 사람이 나에게 준 선물이다. 왜냐하면 나는 이것이 필요하기 때문이다. 당신은 이 선물에 대해 감사할 것이다.

- 4단계: 스스로 적극적으로 그리고 공개적으로 용서한다(C). 이를 위해 용서 증명서도 작성한다. 용서의 편지를 쓰거나 용서한 사실은 자신의 일기에 기록한다. 그것을 시나 노래로도 쓴다. 친한 사람에게는 자신이 행한 것을 말해 준다.

- 5단계: 용서를 끝까지 지속한다(H). 용서는 장기간 지속되지 않고 기억의 변화에 따라 변할 수 있다. 이것이 용서의 본질이다. 기억이란 일단 자신이 용서한 사람을 잊지 않는다는 것을 의미하는 것이 아니다.

용서하는 기간은 얼마나 될까? 이는 그가 범법 행위와 어느 정도 단절이 가능한가에 따라 결정된다. 특히 그를 장차 서로 만날

기회가 있느냐 없느냐에 따라 달라진다. 애걸하는 불성실한 사람
은 용서를 한 것 같이 보이지만 이는 용서를 유지하는 데는 도움
이 되지 않는다.

상대방의 행동을 용서하지 못하고, 그에 대해 부정적 정서나 원
한을 지속적으로 간직하게 되면 고혈압과 같은 신체적 질병을 유
발한다. 상대방을 용서한다는 것은 곧 자신의 웰빙 수준 향상에
도움을 준다. 자신의 용서의 마음을 유지하기 위해서는 REACH
단계를 다시 살펴보고 그것을 바탕으로 자신의 생활을 점검해 볼
필요가 있다.

• • •
선택

자신의 환경통제 수준에 따라 자신의 성취 수준이 달라진다.
주위 사람들과의 관계는 자신이 어떤 선택을 하느냐에 따라 크
게 달라진다. 개인의 선택의 특성에 따라 그의 특성은 맥시마이저
(maximizer)와 새티스파이어(satisficer)로 나뉜다(Schwartz, 2004).

맥시마이저의 특성은 구매행동에서 잘 나타난다. 그는 최선의
구매를 위하여 여러 가지로 물품의 특성을 점검한다. 자기가 구매
하고자 하는 물품을 유사한 물품과 비교도 하고, 물품의 레이블을
꼼꼼하게 읽어 보며, 소비자 잡지를 체크하기도 하고, 새로 나온
물건을 체크하기도 한다. 또 다른 사람이 구매한 물건과 비교하기
도 한다. 그러므로 최종적으로 구매 물건을 결정하는 데 많은 시

간이 소요된다.

이와는 대조적으로 새티스파이어는 좋은 물건으로 판단되면 구매를 결정한다. 자기가 선택한 물건이 자신의 선택기준에 맞으면 더 좋은 물건을 고르지 않는다. 개인의 선택은 믹스드 블레싱(mixed blessing)이다. 즉, 최선의 방법이기는 하지만 그렇다고 그것은 최악의 방법도 아니다.

두 선택 방법 가운데 어느 방법이 더 바람직한가? 일반적으로 맥시마이저는 새티스파이어에 비해 보다 객관적 선택을 한다. 맥시마이저는 자신의 선택 결과에 별로 만족하지 않는다. 그들은 의사결정을 할 때 선택하지 못하고 비교하지 못하면 불안해진다. 고도의 맥시마이저에게는 몇 가지 특성이 있다. 자신의 의사결정 결과에 만족하지 못하고 자신이 잘한 일에 대해 별로 쾌감을 느끼지 못하며 물건을 구매한 후 장기간 실망감에서 벗어나지 못한다.

일반적으로 사람들은 자신의 잘못을 마음속에 간직하는 버릇이 있다. 이 버릇은 성격특성에 따라 다르다. 맥시마이저는 새티스파이어보다 자신의 잘못을 마음속에 장시간 간직한다. 맥시마이저는 과도한 기대나 자기 충족감 때문에 우울증이나 완벽주의자가 되기 쉽다. 완벽주의자와 맥시마이저 사이에는 공통점이 있다. 즉, 두 집단은 최선을 추구하는 경향이 있고, 이들의 기대수준은 비교적 높다. 이들은 희망했던 목적이 성취되지 못하면 쉽게 우울증에 빠진다.

우리의 일상생활은 선택의 연속이다. 옷을 입을 때, 외식할 때 그리고 여행지를 결정할 때마다 서로 다른 선택을 해야 한다.

대학진학을 위해서도, 배우자 결정에도 엄격한 선택은 피할 수 없다. 선택행동은 어느 것이나 자기 의지에 따라 결정되며 자신의 통제 기능에 대한 신념의 강화와 직결된다. 나는 맥시마이저인가? 새티스파이어인가? 이에 대한 대답은 객관적 측정 결과에서 의해 정확하게 평가된다. 정확한 판단을 위하여 〈표 10-1〉에 소개한 검사를 사용한다.

맥시마이저는 사회적 비교자료를 바탕으로 표준을 평가하는 경향이 있고, 새티스파이어는 표준을 정할 때 자신의 최종목표와 내적표준에 따른다. 새티스파이어의 수준 향상을 위해서는 자신의 특성을 신중하게 고려하는 것이 보다 바람직하다. 왜냐하면 그의 희귀 경험 탐색은 새로운 경험 축적을 방해하는 결과를 가져오기 때문이다. 다양한 선택을 선호하는 맥시마이저는 자기 자신에게는 통제 가능한 기능이 있다는 신념을 갖는다. 그러나 그것은 사실과 다르다. 다시 말하자면, 맥시마이저가 추적하는 완전한 통제의 기능은 별로 크지 못하다.

● ● ●
감사

감사는 고마움의 표시로서 긍정적 정서와 사고의 기능을 신장시킨다(Emmons, 2007). 일반적으로 감사할 줄 모르는 사람은 우울증에 빠지기 쉽다는 주장이 있다. 감사하는 마음은 자연발생의 산물이 아니다. 감사하는 마음은 내 스스로 만들어 가는 것이다. 우

〈표 10-1〉 맥시마이저 - 새티스파이어 검사

● 평가방법

다음 문항을 읽고 이것이 나의 특성과 얼마나 일치하는지 그 정도를 평가척도에 따라 평가한다.

• 내 생각과 전혀 일치하지 않는다고 판단되면 ·········· 1
• 내 생각과 일치하지 않는다고 판단되면 ·········· 2
• 내 생각과 다소 일치하지 않는다고 판단되면 ·········· 3
• 내 생각과 일치하지 않는 정도가 중간 정도일 때 ·········· 4
• 내 생각과 다소 일치한다고 판단되면 ·········· 5
• 내 생각과 일치한다고 판단되면 ·········· 6
• 내 생각과 완전히 일치한다고 판단되면 ·········· 7에 ○표 한다.

● 문항

1. 나는 선택할 때 모든 가능성을 생각한다.

2. 내가 한 일에 만족한다 해도 더 좋은 일을 갖고자 하는 것은 옳은 일이다.

3. 내가 차 안에서 라디오를 들을 때 더 좋은 방송구를 선택한다.

4. 나는 더 좋은 프로그램을 탐색하여 시청한다.

5. 나는 옷을 살 때 내 몸에 맞는 것을 골라 입는다.

    1 2 3 4 5 6 7

6. 나는 친구의 선물을 사기가 어렵다.

    1 2 3 4 5 6 7

7. 나는 비디오를 빌리기가 매우 어렵다. 가장 좋은 것을 빌리기가 어렵다.

    1 2 3 4 5 6 7

8. 내가 좋아하는 옷을 골라 사기가 매우 어렵다.

    1 2 3 4 5 6 7

9. 영화, 음악가, 운동선수 가운데 으뜸가는 것을 선택하기가 어렵다.

    1 2 3 4 5 6 7

10. 나는 편지 쓰기가 매우 어렵다. 왜냐하면 적절한 어휘를 고르기가 쉽지 않기 때문이다.

    1 2 3 4 5 6 7

11. 어떤 일을 하더라도 내 자신이 최고의 지위를 차지한다.

    1 2 3 4 5 6 7

12. 나는 둘째 자리는 싫다.

    1 2 3 4 5 6 7

13. 내 실제 생활과 동떨어진 생활방식을 꿈꾸어 본다.

    1 2 3 4 5 6 7

● 평가 및 결과의 해석방법

평가가 끝나면 전체 점수(13문항의 총점수를 산출한다. 50이면 평균, 75 혹은 그 이상이면 높은 편, 25 혹은 그 이하이면 낮은 편이다. 남녀 차이는 없다. 자신의 점수가 65점이나 그 이상이면 맥시마이저이며, 이는 웰빙에 부정적 영향을 준다. 만일 점수가 40 혹은 그보다 낮으면 새 티스파이어이다.

* 출처: Schwartz, B. et al. (2002)

선 편한 자세를 취하면서 목, 팔, 다리를 충분히 이완시킨다. 숨을 쉴 때, 특히 숨을 밖으로 내쉴 때 또 숨을 들이마실 때 어떤 상태에 빠지는지를 스스로 자신이 상태를 점검하라. 숨을 깊이 내쉬기-들이마시기를 약 10회 정도 반복한다.

눈을 감고 자신의 생활에 긍정적 변화를 준 사람은 누구였는가 생각해 보자. 생존해 있는 사람도 좋고 세상을 떠난 고인을 모두 생각해 보자. 눈을 뜨고 사람의 얼굴을 회상해 보면서 그에게 감사의 편지를 써 보자. 이때 글씨체나 문법, 기타 오류에는 신경 쓰지 않고 쓴다. 이것이 곧 감사의 편지이다. 이와 같은 편지 내용은 다음 기회에 다시 회상해 본다.

편지를 다시 쓸 때에는 왜 그에게 감사하는지 보다 구체적이고, 그가 나의 생활에 어떻게 영향을 주었는지 정확하게 설명한다. 다음에는 자신이 그의 집을 방문할 수도 있고, 그를 내 집으로 초대할 수도 있다. 그 단계를 거치게 되면 대면할 필요가 있다. 대면할 때 자신이 대면하는 이유는 말하지 않고 그저 단순히 만나고 싶어서 방문한 것이라고만 말한다. 그 사람과 대면할 때 자신이 미리 썼던 편지를 건네면서 눈을 처음으로 마주치게 된다.

사회화 수준이 높은 사람일수록 더 많은 감사하는 마음을 갖는다. 가정 내에서의 긍정적 정서적인 표출은 가족 성원에게 보다 큰 긍정적 영향을 준다. 감사하는 마음을 가진 사람은 주위 사람들에게 보다 큰 감명을 준다.

우리가 사용하는 말은 진실을 자아낸다. 감사하는 사람에게는 특수한 말투가 있다. 그들은 선물, 행운, 만족, 풍성, 축복과 같은 말을 쓴다. 이와는 달리 감사할 줄 모르는 사람은 일탈, 후회, 결손, 손실과 같은 말을 보다 빈번하게 사용하고, 우울한 사람은 자아와 관계되는 말을 즐겨 쓴다. 자신의 감사하는 말을 신장시키려면 자기 용어를 개발해야 한다.

감사편지를 쓰고 감사방문을 할 대상은 많다. 부모, 친구, 교사, 코치 그리고 고용주가 대상의 일부이다. 그들에게 감사의 뜻을 표현하기 위해 편지도 쓰고 방문도 한다. 이렇게 함으로써 그에 대한 감사의 마음은 오래도록 지속된다. 감사의 뜻은 대인관계의 속성으로 그것을 직접 표현했을 때 가장 효과가 크며 대면하거나 전화를 거는 것도 한 가지 방법이다. 어떤 방법으로 감사의 뜻을 전할 때 구체적 표현의 효과는 크다.

● ● ● ● ● ● ●
희망과 낙관주의

인간에게는 거대한 목표를 세우고 그것을 성취하기 위해 노력하는 기능이 있다. 희망과 낙관주의 성향은 인간이 선천적으로 타고난 재능이다. 우리는 주위 사람들의 넋두리를 많이 듣는다. "나는 멍청하다." "내가 하는 일은 잘 풀리지 않는다." "나는 실제로는 매우 연약하다." "나는 여러 가지 일을 시도하지만 성취된 것은 없다." 이것은 실망의 표출이다. 이러한 실망을 효과적으로 다스릴 수 있는 것이 희망이다.

희망은 긍정적 심리치료에서 큰 비중을 차지한다. 희망과 낙관주의 성향에는 심리적 문제를 효과적으로 처리하는 기능이 있는데, 이는 보다 나은 신체적·정서적·심리적 건강과 깊은 관계가 있다.

희망은 자신이 설정한 목표에 도달할 수 있다는 신념이고 바람이다(Snyder, 1994). 희망적 사고를 통해 자신이 설정한 목적에 보다 효과적으로 접근할 수 있다. 낙관주의를 바탕으로 우리가 실패한 사건의 원인을 찾을 수 있다(Seligman, 1991). 낙관주의자는 어떤 실패의 원인을 규명할 때 세 가지로 귀인시킨다.

- 자기 자신보다 외적 요인에
- 자기 생활의 전체 사건보다 특정한 사건에
- 실패를 영구적인 것이 아니라 일시적인 것으로

다른 이론적 기초에서 보면 낙관주의는 목적 지향적 성향이 있다. 그러므로 사람은 자기 자신의 목적을 지향해서 움직인다고 볼 수 있다. 이 두 가지 주장에는 차이가 있어 보이지만 희망과 낙관주의 간에는 공통되는 점이 있다. 즉, 어떤 일에 실패했을 때 자기 자신을 비판하기보다 희망과 낙관주의로 바람직한 목표를 찾아간다. 자신이 얻을 수 있는 자신의 속성을 체계적으로 변화시켜 자신에게 귀속시킨다. 긍정적 심리치료는 기본적으로 자기 파괴적 귀인 대신 바람직한 통로와 관행을 찾게 도움을 준다. 희망과 낙관주의에 의해서 밝혀진 주요 바람직한 통로와 관행은 다음과 같다.

- 어려운 일에 직면하였을 때 낙관주의자는 별로 불쾌감을 느끼지 않는다. 왜냐하면 자기에게는 보다 나은 기회가 보장되어 있다고 생각하고 필요한 단계를 준비하기 때문이다.

- 역경에 직면하였을 때 희망과 낙관주의는 우리에게 크게 도움을 주고 우울증을 예방하며 치료하는 큰 책략이다. 낙관주의자는 생활태도가 다르고 문제해결방식이 다르며 역경극복의 방법도 다르다.

- 낙관주의자에게는 몇 가지 특성이 있다. 즉, 도덕 수준이 높고 효과적으로 문제를 해결하며 학문, 육상, 군인, 직업, 정치에 성공한다. 또 정신적으로 건강하고 장수하며 트라우마에 빠지지 않는다.

외상 후 성장

자연재해, 테러, 전쟁과 같은 심한 심리적 외상에는 두 가지 장애가 수반된다. 그 하나는 사고, 기억, 성격의 장애를 수반하는 외상 후 스트레스장애(Post-Traumatic Stress Disorder: PTSD)이고, 다른 하나는 외상 후 성장(Post-Traumatic Growth: PTG)이다. 외상 후 성장에서는 보다 긍정적 반응이 수반된다. 일반적으로 외상 후 성장을 경험한 사람은 새로운 삶의 의미를 깨닫게 되고 대인관계가 개선되며 외상경험에 따른 무기력감이나 상실감이 경감되고 영성이 신장된다. 그 외에 사람들은 외상 후 성장을 통해 여러 가지 도움이 되는 경험을 얻는다.

외상 후 성장에는 여러 가지 긍정적 변화가 따른다. 즉, 지속성
과 인내성의 신념을 갖게 되고 새로운 대인관계가 향상된다. 참된
친구의 실체를 깨닫게 되고 진짜 친구와 그렇지 못한 친구를 변별
하게 된다. 고통받는 사람과 친밀해지고 그들을 불쌍하게 여긴다.
개인의 영성, 감사, 친절, 희망, 용맹의 강도가 신장되고 문제 중심
의 극복을 시도한다.

● ● ● ● ● ● ●
의미 있는 기록의 작성

외상적 경험에 대한 성실한 기록은 개인의 건강과 웰빙 상
태 유지에 큰 도움이 된다는 것이 미국의 심리학자인 James
Pennebaker(1950~)의 주장이다. 이 주장을 바탕으로 개발한 것
이 기록치료(Writing Therapy)이다(Pennebaker & Evans, 2014). 저자
들은 200여 명의 학생들에게 자신의 쓰라린 경험과 그에 수반되는
정서의 경험을 자세히 기록하게 하였다. 주어진 시간은 15~30분
이다.

이와 같은 과정을 3~5일간 계속한다. 이 자료에서 이들은 과거
의 쓰라린 외상적 경험을 기록하는 것이 정신건강에 도움이 된다
는 사실을 발견하였다. 3일간 계속해서 일기를 쓴 사람들은 의사
의 자문을 받는 횟수가 크게 줄어들고 면역기능은 상승되며 우울
증에 빠지는 횟수가 줄어들어 보다 좋은 직장을 가질 수 있게 되

었다는 사실도 아울러 발견되었다.

자신에 대한 의미 있는 기록은 자신의 정신건강관리에 여러 가지로 도움이 된다. 자신에 대한 정보를 얻을 수 있고 자신의 부정적 정서의 의미를 깨달을 수 있으며 자신을 보다 잘 통제할 수 있고 사회적 대인관계를 보다 효과적으로 이어 갈 수 있다. 하지만 자신의 외상적 경험을 기록으로 남기는 것은 쉬운 일은 아니다. 왜냐하면 자신의 경험이 다른 사람에게 알려지는 것이 두렵기 때문이다.

이러한 걱정을 불식시키기 위해서는 은밀한 장소에 기록을 보관하는 것이 바람직하다. 1회의 기록에는 15~20분 정도 소요된다. 기록을 작성하는 과정에 복잡한 생각이 들거나 감정이 손상되는 것과 같은 기분이 들면 약 5분간 휴식을 취한 후 다시 기록을 시작하는 것이 바람직하다.

하루에 소요되는 시간은 15~20분이고, 4일간 반복한다. 기록을 끝내고 나면 자기가 남기고 싶은 것이 누락되지는 않았는지 확인한다. 이 기록에서 자신의 생활을 통해서 경험한 외상적 경험, 감정 등을 깊이 생각해 볼 수 있다.

이 경험을 자신이 경험한 새로운 감각과 감정을 되새겨 본다. 여기서는 특정한 영역에 주의를 집중한다. 4회에 절차기록 작성이 끝나면 그것이 나에게 어떤 도움이 되었는가를 기록한다. 이 기록이 자신에게 어떤 도움을 주었는가, 유사한 사태에서 그것을 통제할 수 있는가, 다른 관점에서 자신과의 관계는 어떤 것인가를 자연스럽게 점검해 볼 수 있다.

● ● ● ● ● ● ●
슬로와 세이버링

생산량이 중시되는 제도에서 얽매여 사는 우리에게는 속도 (speed)가 매우 큰 의미를 갖는다. 속도는 생산활동에서는 큰 의미를 갖지만 그것은 우리의 일상생활을 크게 위협하는 요소이다. 캐나다의 기자인 Carl Honore가 이렇게 절규하였다. "우리는 일에 파묻혀 살면서 속도에 중독되어 있다. 우리의 일상생활은 속도에 의해 이렇게 파괴되고 있다." 서두르는 다이어트와 데이트, 즉흥적인 의사소통, 돌진, 전자레인지 점심, 초고속 요가와 영상, 우리의 생활은 시간을 다투는 경기와 같이 생각될 때가 있다.

이와 같은 생활은 건강, 식사, 문화 그리고 사회적 대인관계를 악화시킨다. 속도를 중시하는 생활인은 이기적이고 오판하는 경향이 있다(Kahneman, 2011). 우리는 매일 서로 다른 일을 매우 신속하게 처리하는 그 생활에 불만이 많다. 스트레스 때문에 일을 다 하지 못하고, 매우 심한 피로감을 느끼며, 결코 자신의 할 일을 완수했다는 생각이 들지 않는다. 자신의 일상생활은 경주하고 있는 것 같다.

한때 서양 문화권에서는 많은 사람이 속도 감각을 찬미한 적이 있었다. 지금도 지구상의 많은 사람이 그러한 생각을 가지고 있다. 일의 속도를 내는 것은 바람직한 습관이지만 그것은 꼭 그렇지 못하다. 그것은 보다 행복한 우리의 생활을 보장해 주지 않는다. 이와 같은 주장을 바탕으로 탄생한 것이 슬로 무브먼트(slow movement)이다.

일상생활에서 일하는 속도를 줄이면 일을 보다 잘 성공적으로 수행할 수 있고 즐길 수 있다고 신경학자들은 주장한다. 그들의 주장에 따르면 긴장이완 상태에서 사람들은 보다 깊고 미묘한 사고를 하게 된다고 한다(Kahneman, 2011). 심리학자들은 이것을 슬로싱킹(slow thinking)이라고 부른다.

서두르는 예술가는 창조적 작품을 낼 수 없고, 서두르는 사업가는 사업에 성공할 수 없다. 근로자는 긴장에서 벗어나야 생산고를 높일 수 있다. 이것이 창조적 작품을 내는 데 필요한 기본 조건이다. 현대인의 생활에 하이스피드 인터넷은 매우 편리하고 유익한 생활도구이다. 그것은 빠른 속도가 보장되어 있기 때문이다. 하지만 모든 면에서 유익한 것만은 아니다. 아이스하키 선수가 속도를 줄이면 넘어진다. 속도를 내서 좋은 것이 있고, 속도를 줄였을 때 도움이 되는 것이 있다.

한 사람이 여러 가지 일을 빠르게 수행하는 것은 바람직한 일이다. 그런데 인간의 두뇌는 그렇게 구성되어 있지 않다. 그것은 행동과 행동 사이를 연결하는 것으로 전후로 이동할 때 가장 효과적으로 작동한다(Carrier et al., 2015). 행동과 행동 사이를 연결하는 뇌의 활동은 생산 효과가 낮다. 왜냐하면 그것을 완성하는 데에는 두 번 이상 반복해야 하기 때문이다. 감속의 개념을 이해하는 것이 슬로 생활을 위한 필수 조건이다.

사람들은 왜 일을 서두르는가? 내적 요인 때문인가, 외적 요인 때문인가, 아니면 두 가지 요인의 결합의 산물인가? 내적 요인이라

면 불안성격 성향인가, 불안의 증후인가? 성공적 업무 처리를 위해
서는 속도를 내면 안 된다. 감속을 위해 다음과 같은 책략을 체득
해야 한다. 자동차의 기어를 풀어 감속하는 경우를 생각해 보자.

여기에 몇 가지 방법을 지시한다. 자신이 쉽게 취할 수 있는 방
법 하나를 선택한다. 이 글의 말미에 자신이 어떤 것을 선택했는
지, 왜 이런 선택을 했는지를 밝힌다.

- 조금씩 점차적으로 감속한다.

  점차적으로 속도를 감속시키는 것은 요란하게 소리치며 정지
  하는 것보다 낫다.

- 제한된 영역부터 시작한다.

  일상적으로 급하게 서둘러 시작하고 속도를 줄이는 일을 한
  다. 예를 들면, 주당 세 번을 느린 속도로 식사를 한다. 주당
  한 번은 느리게 걷는다. 주당 1회는 매체에서 자유로운 시간
  을 갖는다.

- 몰두한다.

  의식적으로 구름이 흐르는 평화로운 광경을 보면서 낙조의
  광경도 감상한다. 여기서 자연의 흐름은 느리지만 자기에게
  만족감을 준다.

- 교육

  가족과 친구에게 속도의 부정적 결과(교통사고, 손상, 스트레
  스, 불안)를 토로한다.

- 기계 장치가 없는 지대

휴대전화, TV가 없는 공간에서 지낸다.
- 거부한다.

과도한 업무 거절하기를 학습한다.

왜 이런 선택을 했는가, 어떤 행동을 취할 것인가, 그 빈도는? 이런 책략에는 어떤 사회적 가치가 있다고 생각하는가? 이런 책략을 통해 나의 행동이 3개월 전과 어떻게 달라졌는가?

세이버링(savoring)은 경험, 정서, 지속성을 증대시키는 사고와 행동이고 긍정적 경험에 대한 마음챙김 과정이다(Bryant, 2003). 미국의 심리학자인 Fred Bryant(1952~   )에 의하면 세이버링은 다음과 같은 네 가지 기능이 있다고 한다.

- 기쁨과 만족
- 감사
- 경탄
- 호사

세이버링은 긍정적 정서를 신장시키고 웰빙을 향상시킨다. 가족과 친구에 대한 세이버링을 통해 좋은 대인관계를 유발할 수 있다. 세이버링은 노력을 필요로 하고 중다(여러) 과제에 대한 압력에서 벗어나며 우리가 실천하는 것보다 자연스러운 감정을 느낀다. 긍정적 경험을 유지하고 그것을 향상시키는 데는 여러 가지 기술을 필요로 한다.

세이버링은 마음챙김 상태에서 긍정적 감각, 정서, 지각, 사고, 신념 등을 자신의 경험과 결합시키는 과정으로 자신이 성취한 일에 대해 쾌감이나 만족감을 느끼기도 하고 감사의 뜻을 표출하기도 하며 쾌락을 즐긴다. 그러나 육체적 만족이나 감각에 대해 전혀 죄의식을 느끼지 않고 미에 감탄하며 덕목이나 타인의 강도에 경탄한다. 또 지각, 주의, 타인에 대해 주의를 한다.

세이버링의 기술 향상은 여러 가지 기술을 필요로 한다. 자신과 같은 경험을 가질 수 있는 사람을 택한다. 그리고 내게 가장 가치 있는 존재는 당신이라고 말한다. 이것이 가장 강한 쾌감의 지표이다. 정신적 영상을 찍거나 물질을 선물하고, 나중에 그것을 상상해 보게 한다. 자찬하는 것을 두려워하지 않는다. 자신이 성취한 것은 당당하게 자랑한다. 이것이 가장 정직하고 선량한 방법이다.

● ● ● ● ● ●
긍정적 대인관계

인간은 본질적으로 무리 속에서 생활하는 것을 선호하는 존재이다. 우리는 많은 시간을 주위 사람들과 관계를 유지하면서 보낸다. 이 과정에서 시간의 질과 양이 매우 중요하다. 다른 사람과 긍정적 상호작용하는 시간을 많이 갖는 사람은 우울증과 같은 심리적 문제를 보다 효율적으로 극복할 수 있다(Fisher & Robinson, 2009). 인간의 군생본능이 파괴되면 우울증에 빠지기 쉽다. 긍정적 대인관계를 가지는 사람의 생활은 행복하므로 건전한 대인관계는 건강의 지표로 사용된다.

긍정적 대인관계 특성은 여러 가지 형태로 나타난다. 일반적으로 모든 가족에게는 성격강도의 유전적 특성이 있다. 불행하게도 부정적 요소나 특성 때문에 그 성격강도의 특성이 뚜렷하게 표출되지 못하는 경우가 있다. 긍정적 심리치료를 통해 본인과 배우자의 성격강도의 특성을 발견할 수 있다. Sheridan 등(2004)은 긍정적 가족(positive family)이라는 개념을 바탕으로 그들의 성격강도와 유전적 소질들을 평가하는 방법이 있다.

도전을 극복하는 데 가장 중심이 되는 것은 사랑이다. 사랑은 모든 사람을 수평선상에서 평가하고 동정심을 베푼다(Fredrickson, 2014). 대인관계에서 사랑의 관계가 형성되었을 때 상대방의 웰빙에 관심을 가질 수 있다. 순수한 사랑은 상호관계이다. 상호 간의 관계는 친밀한 관계의 지표이다. 상대방을 서로 돌봐 주고 그에게 깊은 관심을 갖게 하는 감정은 여러 가지 방법으로 체계적으로 신장시켜 나갈 수 있다.

긍정적 심리치료의 견지에서 볼 때 타인의 성격강도에 대한 지식을 갖는 것은 상호 간의 동정심을 신장시키고 상대방 행동의 본질에 대한 이해를 촉구시키기 때문에 매우 중요하다. 부모는 자녀의 성격강도 특성, 즉 정직성, 공정성, 용맹의 수준을 바탕으로 자녀의 행동 특성을 예견할 수 있다. 그가 어떤 형태로 운전하는가 또 대인관계가 어느 정도 정직한가를 이해할 수 있다.

이와 같이 가족의 지표가 진정성과 정직이라는 사실을 알고 있을 때 그의 교육이 어느 정도 받아들여지고 있는지, 그의 교육이 어느 정도까지 수용되고 있는지도 이해할 수 있다. 응집력은 가족 간의 대인관계의 수준을 이해할 수 있는 지표로 사용된다.

나의 가족 간의 응집력의 특성은 여러 가지 방법으로 알아볼 수 있다. 행동 특성을 통해 가족계보의 특성을 이해할 수 있고 가족 간의 응집력의 수준을 스스로 예측해 볼 수 있다. 어떤 가족관계가 희망이 있고 낙관적인 사람으로 성장시키는가, 가족 중에서 누가 유머가 있고 흥을 즐기는가, 가족 중에서 누가 가장 창의적인가, 가족관계에서 누가 가장 유쾌한 사람인가, 가족 중에 누가 가장 공정한가, 가족이나 친구 가운데 누가 가장 사랑스러운 사람인가, 사랑하는 사람 가운데 누가 새로운 사랑의 관계를 만들어 가는가, 누가 가장 좋은 리더인가, 누가 용서를 잘하는 사람인가, 사랑하는 사람 가운데 자기 조정을 균형 있게 하는 사람은 누구인가?

긍정적인 관계를 유지하기 위해서는 사랑하는 사람의 성격강도를 이해하고 높이 평가해 주어야 한다. 이것이 곧 관계의 수준을 강화한다. 가족 간의 유대를 향상시키는 활동에 큰 비중을 둔다. 이는 관행, 전통, 의사소통의 관계를 향상시키고 가족의 여가 활동의 핵을 이룬다. 상대방의 성격강도를 높이 평가하고 자발적 행동과 짜임새 있는 행동을 하는 것이 매우 중요하다.

자발적 행동은 일단 형성되고 나면 모든 가족 구성원은 그것을 수용한다. 가족의 자발적 행동은 여러 가지 형태로 이루어진다. 즉, 야외에서 가족식사를 즐기고 가족이 공동으로 쇼핑하며 게임을 함께 즐기고 운동경기를 즐긴다. 가족휴가, 피크닉, 캠핑, 문화행사 참여는 짜임새가 있는 가족 활동의 일부이다. 삶은 테마 공원으로 구성되어 있지 않다.

식탁에서 담소를 즐기고 함께 휴가도 즐긴다. 적어도 매주 한 번씩 허심탄회하게 이야기하는 기회를 갖는다. 이것이 현실적 생활이며, 이것이 우리에게 중요한 생활양식이다. 다른 사람의 성격 강도에 대한 정보를 바탕으로 가족 구성원 간의 오해를 풀고 화목한 가족생활로 되돌아간다. 또 배우자의 강도특성, 즉 미적 감상, 우월성 강도가 있다는 사실도 발견할 수 있다.

긍정적 의사소통

스웨덴에는 이런 속담이 있다. 즉, "기쁨은 다른 사람과 나누면 배가 되고 슬픔은 다른 사람과 나누면 반으로 줄어든다." 개인의 일상생활에는 긍정적인 면이 있고 부정적인 면이 있다. 우리의 일상생활은 부정적 사건의 연속으로 보는 관점도 있고 긍정적 사건의 연속으로 보는 관점도 있다. 부정적인 생활경험은 쉽게 잊혀지지 않고 오랫동안 마음속에 간직된다. 일반적으로 사람들은 긍정적 정서보다 부정적 정서를 2.5배나 더 많이 간직한다. 그런가 하면 간직하고 있는 긍정적 정서와 부정적 정서가 균형을 이루고 있는 사람도 있다(Trampe et al., 2015).

사람들은 역경에 직면하거나 외상적 사건에 직면하거나 혹은 헤슬(hassle)을 경험하게 되면 다른 사람의 도움을 필요로 한다. 이때 자기의 배우자, 친구, 가족 그리고 지역사회를 생각하게 된다.

이러한 상황에서 사회적 지지는 매우 유익하다. 정서적으로 신체적으로 큰 도움을 받을 수 있다.

전통적 심리치료는 내담자의 여러 가지 부정적 경험을 찾아 그것을 치료하는 데 역점을 둔다. 이때 긍정적 경험을 스스로 조절하고 대인관계의 유대를 강화하고 친밀한 우정을 형성하는 것도 큰 도움이 된다. 그래서 긍정적 심리치료에서는 자기조절의 기술을 유일한 치료 수단으로 활용한다.

자기에게 긍정적 사건이 생겼을 때 거기에서 얻는 경험을 주위 사람들과 공유하는 것은 대인관계에 어떤 영향을 줄까? 이것이 Gable 등(2004)이 던진 질문이다. 자신의 긍정적 경험을 다른 사람과 공유하는 것은 보다 큰 긍정적 경험으로 승화한다. 그것은 긍정적 경험 그 자체가 주는 것보다 더 큰 즐거움을 가지게 된다(Langston, 1994). 이것이 자본화 과정(capitalization)이다. 자본화는 네 가지 특이한 스타일로 세분화된다. 네 가지 스타일의 특징은 〈표 10-2〉와 같다.

긍정적 건설적 반응(active constructive responding: ACR)은 개인의 긍정적 정서, 웰빙 수준을 향상시킨다. 능동적으로 그리고 건설적으로 다른 사람과 자본화를 시도하면 큰 도움을 받을 수 있다. 특히 배우자의 적극적인 자본화의 효과는 더욱 크다. 이는 매일 결혼생활의 수준을 향상시킨다.

긍정적 건설적 반응은 부부간의 유대를 증대시키고 매일매일의 행복을 증대시키며 갈등을 경감시킨다. 자기노출과 배우자의 반응은 보다 친밀한 유대관계를 향상시킨다(Gable et al., 2004).

〈표 10-2〉 네 가지 반응 스타일 및 그 사례(배우자 중심으로)

항목	능동적	피동적
건설적	• 나의 배우자는 나의 행운에 대해 열광적으로 반응한다. • 나의 배우자는 내가 느끼는 것보다 행복하게 느끼는 것 같다. • 나의 배우자는 나의 좋은 일에 많은 관심을 보인다.	• 나의 배우자는 나의 행복을 놓고 크게 거래를 하지 않는다. 그래도 나는 행복하다. • 나의 배우자는 나에게 좋은 일이 생기면 적극적으로 지지한다. • 나의 배우자는 나의 행복에 대해서 전혀 말이 없지만 나는 그가 나의 행복에 관심을 가진다는 것을 잘 안다.
파괴적	• 나의 배우자는 빈번히 나의 문제를 발견한다. • 나의 배우자는 나에게 좋은 일에 부적 측면이 있다는 것을 일깨워 준다. • 나의 배우자는 좋은 일에 잠재적 약점이 있다는 것을 찾아낸다.	• 때로는 배우자가 나를 돌보지 않는다는 인상을 받는다. • 나의 배우자는 나에게 관심을 갖지 않는다. • 나의 배우자는 나에게 전혀 주의를 기울이지 않는다.

Lemay와 Clark, Feeney(2007)에 의하면 자본화 과정은 여러 가지 긍정적 반응을 유발한다. 즉, 좋은 뉴스를 공유한 부모, 친구는 그것이 타당하다고 믿는다. 긍정적 사건을 전해 주면 그들은 긍정적 정서를 경험한 사건 생활에 대한 만족을 경험한다. 나눔의 기쁨을 느낀 사람은 생활에 만족한다. 긍정적 사건을 공유한 사람은 그 사건의 중요한 측면을 토론하고 토의한다.

긍정적 심리치료에서는 가족의 강도 특성을 이해하고 그것이 가족 네트워크에 얼마나 일치하는지를 이해하는 것이 중요하다.

가족의 최고 강도의 본질을 이해했을 때 우리는 상대방을 보다 잘 이해할 수 있고 더 나아가서 보다 깊은 유대관계를 형성할 수 있다. 또 상대방의 강도를 이해함으로써 이전에 오해했던 가족관계의 특성을 이해할 수 있다. 이는 또 다른 사람의 특성을 이해하고 가족 중심의 활동을 진작시키는 데 도움이 된다.

자기노출은 가족의 유대를 강화하고 친근성의 감정을 신장시킨다. 긍정적 심리치료에서는 특정한 자기노출은 권장되어야 하고 자기노출은 건설적으로 긍정적으로 수행되어야 한다. 긍정적 사건은 유대관계를 강화하며 그의 잠재적 기능을 성장시킨다.

이와 달리 부정적 사건은 쉽게 변화되지 않고 그 영향이 오래 지속되며 유해한 사태를 변화시키려고 하면 숙명적인 사태로 변할 가능성이 높다(Pratto & John, 1991). 〈표 10-2〉에는 네 가지 반응 유형이 소개되어 있다. 이 네 가지 반응 유형을 바탕으로 자신의 반응 유형의 특성을 평가해 보면 자신의 대인관계의 특성을 이해하는 데 도움이 될 수 있다.

반성과 토론

시연이 끝나고 나면 자기 스스로 다음과 같은 문제를 두고 생각하고 주위의 사람들과 토론한다.

• 시연 과정에서 가장 편안했던 것은 무엇인가?

- 가장 불편했던 것은 무엇인가?
- 주관적, 객관적 장애물은 없었는가?
- 이전에 긍정적 건설적 반응을 시연한 경험이 있다면 더 높은 수준으로 향상시키고 싶은 것은 무엇인가?
- 자신의 네 가지 반응 스타일을 잘 노출시킨 것은 무엇이고 그 것이 자기에게 어떤 영향을 주는가?
- 네 가지 반응 스타일을 통해 자신이 습득한 것은 무엇인가?

보다 효과적인 긍정적 건설적 반응을 얻기 위해서는 몇 가지 사실에 주의해야 한다.

긍정적 건설적 반응에서 질문은 성실해야 한다. 말이 많은 것은 문제가 되지 않는데 자신이 본 것, 느낀 것, 성실성이다. 긍정적 건설적 반응은 상대방을 깊이 있고 가치 있는 관계를 형성하고 친구나 다른 가족 간에도 적용된다. 긍정적 건설적 반응은 부정적 정서나 의문에서 벗어나게 하고 긍정적 정서나 감정에서 벗어나 상호 간의 이해를 진작시키는 기능을 한다. 이것이 긍정적 건설적 반응을 통해 개인이 얻게 되는 큰 도움이다.

부록

마음챙김훈련과 긴장이완훈련

마음챙김훈련은 순간순간 일어나는 우리의 사고, 감정, 신체 감각 그리고 주위 환경의 변화를 의식적 판단 없이 각성하는 과정이다. 마음챙김 상태는 자신의 의지에 따라 변화시킬 수 있는 것과 변화시킬 수 없는 것이 있다.

우리의 머릿속에는 수많은 사건과 경험이 저장되어 있다. 저장된 사건들에 의해 슬픔, 행복 그리고 분노와 같은 정서를 폭발한다. 이때 우리는 그에 대한 아무런 판단이나 평가 없이 어떤 행동을 한다. 마음챙김 상태에서 이전의 생활경험이 회상되기도 하는데, 이는 사고나 정서의 흐름을 통해서 이루어진다. 하지만 그것은 의식적 사고와는 아무 관계가 없고 직접행동을 수반하지 않는다.

마음챙김 상태에서는 특정한 사태에서 자신이 취할 행동방향과 반응특성이 결정된다. 자신의 행동이 다른 사람에게 주는 영향까지도 정확하게 인지한다. 자기 자신의 판단이 없이 이루어지는 판단은 보다 쉽게 수용하게 된다. 마음챙김 상태는 다른 사람과 보다 더 넓은 상호관계를 유지하는 데 도움이 된다. 마음챙김 상태에서는 복잡한 문제를 보다 효과적으로 해결하고 보다 다양한 해결방법을 모색할 수 있으며 우리의 자아통제 기능과 사회적 기능 수준을 신장시키는 기능이 있다.

1. 마음챙김훈련

마음챙김 상태는 자기훈련을 통해 변화·발전한다. 다음에 소개하는 마음챙김훈련과 긴장이완훈련은 긍정적 심리치료의 전후, 세션 전후에 가정에서 자기 스스로 훈련을 할 수 있다.

훈련 1: 간단한 마음챙김훈련

1. 편한 자세를 취한다. 손은 무릎 위에 놓고 머리, 목 그리고 가슴의 긴장을 풀고 마룻바닥에 앉아 다리를 편다.
2. 나 자신의 호흡 상태에 주의를 기울인다. 숨이 어떻게 쉬어지는지 잘 관찰한다. 어떻게 숨을 들이마시고 밖으로 내보내는지 잘 관찰한다. 그때 가슴의 수축과 이완 상태를 자세히 관찰한다.
3. 숨을 천천히 흡입한다. 숨을 내쉬고 들이마시기를 6~8초간 계속한다.
4. 생각을 멈추지 말고 머릿속에서 일어나는 일에 조심스럽게

주의한다. 이런 과정을 머릿속에서 반복한다. 약 1분 정도 계속한다.

훈련 2: 호흡훈련

1. 긴장을 풀고 편한 자세를 취한다.
2. 머리, 목 그리고 가슴의 긴장을 이완한다.
3. 어깨의 긴장을 이완한다. 의자 등에 몸을 기댄다.
4. 손을 무릎에 놓은 채 편한 자세를 취한다.
5. 편하게 느껴지면 눈을 천천히 감는다.
6. 코를 통해 심호흡을 한다. 잠시 동안 숨을 멈춘다. 천천히 긴장을 이완한다.
7. 호흡을 2~3분간 계속한다.
8. 숨을 들이마셨다가 내쉰다.
9. 지속적으로 숨을 쉰다.
10. 가볍게 숨을 쉰다.
11. 몸 전체가 숨을 쉰다고 느낄 정도로 부드럽게 숨을 쉰다.
12. 들이마신 숨이 목에 머무르고 있다고 생각하면서 내쉰다.
13. 소리 내지 말고 숨을 10회 쉰다. 눈을 뜬다.

훈련 3: 긍정적 심상훈련

긍정적 심상훈련은 자기가 편한 시간과 장소에서 실시할 수 있다. 실제 자기훈련에 들어가기 전에 다음 스크립트를 잘 읽어 볼 필요가 있다.

눈을 감고 마음속으로 어떤 장면을 상상해 본다. 이 장면은 실내일 수도 있고 실외일 수도 있다. 이 장소는 자연스럽게 편안함을 주는 곳이어야 한다.

긴장이완 상태에서 호흡을 한다. 그리고 어떤 생각이 머릿속에 떠오르는지 스스로 관찰해야 한다. 어떤 생각이 드는지 잠시 멈추고 주변을 살펴본다. 잠시 멈추고 무슨 소리를 들을까? 멀리서 가까이서 무슨 소리가 들려오는가. 다음에는 어떤 냄새가 나는가. 자연적인 것인가, 인공적인 것인가. 잠시 멈추고 어떤 물건을 접해 보고 그것은 부드러운 것인가, 딱딱한 것인가, 무거운 것인가, 가벼운 것인가. 다시 주변을 살펴보고 어떤 것을 접하게 된다. 그 빛깔, 가제는 어떤 것인가, 무거운 것인가, 가벼운 것인가.

훈련 4: 사랑과 친절의 명상훈련

이 명상훈련의 기법은 『뉴욕 타임스(New York Times)』의 베스트 작가인 Sharon Salzber(1952~　　)의 『사랑-친절(*Love-Kindness*)』에 기반을 두고 있다. Salzber의 주장에 따르면 우리가 특정한 단어나 글귀를 계속 반복하면 끝없는 온정의 감정이 솟는다고 한다.

이 긍정적 감정은 가족, 종교, 특정 사회적 계급에 한정되지 않는다. 이 명상은 나 자신을 위해 시작된 것이지만 이제 많은 대상을 위한 명상으로 점진적으로 변신하고 있다. 명상을 할 때 이런 생각을 한다. 즉, '나는 행복해지고 싶다.' '나는 건강해지고 싶다.' '나는 안전해지고 싶다.' '나는 평화롭고 편안해지고 싶다.'

이런 생각을 반복함으로써 자기 자신이 그 세계로 파고 들어가게 된다. 사랑과 친절의 명상은 우리 자신을 다른 사람의 웰빙과 연결시키는 데 도움을 준다. 자신에 대한 사랑과 친절의 명상을 지속하게 되면 그것은 다른 사람에 대한 사랑과 친절에 대한 명상으로 이어진다. 즉, '너는 행복해진다.' '너는 건강해진다.' '너는 안전해진다.' '너는 평화롭고 편안해진다.'

이 명상이 진행되면 다른 친구, 가족, 이웃에 대한 사랑과 친절로 이어져 그것이 진전되면 나와 원만한 관계를 가지지 못하는 모든 사람에 대한 친절과 사랑으로 이어진다.

2. 스트레칭과 긴장이완훈련

긴장이완 자세를 유지하면서 다음과 같이 스트레칭을 한다.

이완 자세

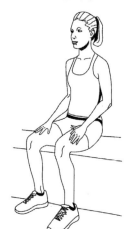

• 머리, 목 그리고 가슴을 펴고 다리와 발은 바닥에 내려놓는다.

머리

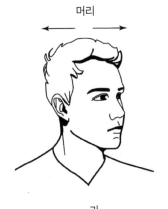

- 어깨를 쭉 펴고 머리를 오른쪽으로 천천히 움직인다.
- 긴장이완 상태에서 숨을 세 번 쉰다.
- 다른 방향으로 반복한다.

귀

- 어깨를 쭉 펴고 왼쪽 귀를 왼쪽 어깨 끝으로 움직인다. 어깨는 움직이지 않는다.
- 긴장이완 상태에서 숨을 세 번 쉰다.
- 반대쪽으로 반복한다.

목

- 어깨의 균형을 유지하는 상태로 머리, 목 그리고 가슴을 똑바르게 한다.
- 천장 쪽으로 얼굴을 들어 올린다.
- 불편함을 느낄 정도까지 들어 올린다.
- 머리를 똑바로 세운다.
- 목 전면을 편안함을 느낄 때까지 스트레칭을 한다.
- 목을 천천히 들어 올린다.
- 중간 상태에서 정지하기보다 가슴 쪽으로 턱을 가져온다. 목을 똑바로 하여 목 뒷부분에 스트레칭을 한다는 느낌이 올 때까지 굽힌다.
- 시간이 지나면 얼굴을 중성적 위치로 되돌린다.

얼굴 마사지

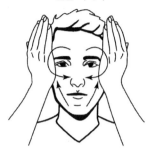

- 손바닥 아래 부위를 양쪽 볼에 대고 관자놀이를 감싸서 손바닥으로 조그마한 원을 그린다.
- 턱 뼈까지 내려갔다가 다시 상부 위로 이동한다.

눈과 이마 마사지

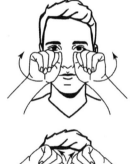

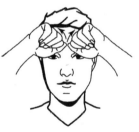

- 가볍게 주먹을 쥐고 손바닥과 손가락을 안와에 조심스럽게 가져다 댄다.
- 손가락 관절을 관자 쪽으로 이동한다.
- 관자 쪽에서 위로 천천히 이동해서 앞이마까지 이동한다. 이와 같은 과정을 여러 번 반복한다.

[참고문헌]

Anderson, A., et al. (2006). Emotion enhances remembrance of neutral events past. *Proceedings of the National Academy of Sciences of the United States America, 103*(5), 1599-b4.

Barlow, H. (2008). *Handbook of clinical disorders*. New York: Guilford Press.

Bolier, L., Haverman, M., Westerhof, G. J., Riper, H., Smit, F., & Bohlmeijer, E. (2013). Positive psychology intervention. A meta analysis of randomized controlled studies. *BMC Public Health, 13*, 119.

Bryant, F. (2003). Savoring Belief Inventory(SBI): A scale for measuring belief about savoring. *Journal of Mental Health, 12*, 175-196.

Buckinsham, M., & Clifton, D. (2001). *Now, discover your strengths*. New York: Free Press.

Calhoun, L., & Tedeschi, R. (Eds.). (2006). *Handbook of post-traumatic growth research and practice*. Mahwah: Erlbaum.

Carrier, L., et al. (2015). Causes, effects and practicalities of everyday multitasking. *Developmental Review, 35*, 64-78.

Cooney, R., et al. (2007). Remembering the good times: Neural correlates of affect regulation. *Neuroreport, 18*(17), 1771-1774.

Cornish, M., & Wade, N. (2015). A therapeutic model of self-forgiveness with intervention strategies for counselors. *Journal of Counselling and Development, 93*(1), 96-104.

Deci, E., & Ryan, M. (2008). Self-determination theory: A machrotheory of human motivation, development and health. *Canadian Psychology, 49*, 182-185.

Donaldson, S., Dollwet, M., & Rao, M. (2015). Happiness, excellence, and optional human functioning revisited: Eixming the peer-reviewed literature linked to positive psychology. *The Journal of Positive Psychology, 10*(3), 185-195.

Duckworth, A., Steen, T., & Seligman, M. (2005). Positive psychology in clinical practice. *Annual Review of Clinical Psychology, 1*(1), 629-651.

Emmons, R. (2007). Gratitude, subjective well-being and brain. In R. Larsen & M. Eid (Eds.), *The Science of subjective well-being.* New York: Guilford Press.

Enright, R., & Fitzgibbons, R. (2015). Forgiveness therapy. Washington, DC: American Psychological Association.

Evans, I. (1993). Constructional perspectives in clinical assessment. *Psychological Assessment, 5*, 264-272.

Fadla, A. (2014). Self leadership. *Excellence Leadership, 31*(8), 10-11.

Fisher, K., & Robinson, J. (2009). Average weekly time spent in 30 basic activities across 17 countries. *Social Indicators Research, 93*(1), 249-254.

Fitzpatrick, M., & Stalikas, A. (2008). Integrating positive emotions into theory, research and practice: A new challenge to psychotherapy. *Journal of Psychotherapy Intervention, 18,* 248-258.

Flückiger, C., & Grosse Holtforth, M. (2008). Focusing the therapist strength: A preliminary study to foster a mechanism of change in outpatient psychotherapy. *Journal of Clinical Psychology, 64,* 876-890.

Folkman, S., & Moskowitz, J. (2000). Positive affect and the other side of coping. *American Psychologist, 55*(6), 641-654.

Frankl, V. (1963). *Man's search for meaning: An introduction to Logotherapy.* New York: Washington Square Press.

Frankl, V. (1986). *The doctor and the soul: From psychotherapy to Logotherapy.* New York: Penguin Books.

Fredrickson, B. (2009). *Positivity: Discover the ratio's that tips your life toward flourishing.* New York: Crown.

Fredrickson, B. (2014). *Love 2.0: Creating happiness and health in moments of connection.* New York: Plume.

Fricsch, M. (2013). Evidence-based well-being, positive psychology assessment and intervention with quality of life therapy and coaching and the quality of life inventory(QoLI). *Social Indicators Research, 114*(2), 193-227.

Gable, S., et al. (2004). What do you do when things go right? The intrapersonal and interpersonal benefits of sharing positive events. *Journal of Personality and Social Psychology, 87,* 229-245.

Hanore, C. (2005). *In praise of slowness: Challenging the cult of speed.* New York: Harper Collins.

Harris, A., & Thoresen, C. (2006). Extending the influence of positive psychology interventions into health care settings: Lessons from self-efficacy and forgiveness. *The Journal of Positive Psychology, 1*, 27-36.

Harvey, A., et al. (2004). *Cognitive behavioral process across psychological process A trans diagnostic approach and treatment*. New York: Oxford University Press.

Hone, L., et al. (2015). An evaluation of positive psychology intervention effectiveness trials using the re-aim framework: A practice-friendly review. *The Journal of Positive Psychology, 100*(4), 303-322.

Hortop, E., Wrosch, C., & Gagné, M. (2013). The why and how of goal pursuits. Effects of global autonomous motivation and perceived control on emotional well-being. *Motivation and Emotion, 37*(4), 675-687.

Johnson, J., Gooding, P., Wood, A., & Tarrier, N. (2010). Resilience as coping appraisals: Testing the schematic appraisals model of suicide(SAMS). *Behavior Research and Therapy, 48*, 179-186.

Johnson, J., & Wood, A. (2017). Integrating positive and clinical psychology: Viewing human functioning as continuance from positive to negative can benefit clinical assessment, interventions and understandings of resilience. *Cognitive Therapy and Research, 41*(3), 335-749.

Joorman, J., Dkane, M., & Gotlib, I. (2006). Adaptive and maladaptive components of rumination? Diagnostic specificity and relation to depressive biases. *Behavior Therapy, 37*, 269-280.

Kahneman, D. (2011). *Thinking fast and slow*. London: Allen Lane.

Keyes, C. (2013). *Promotion protection of positive mental health: Towards complete mental health in human development*. New

York: Oxford University Press.

King, L., & Milner, K. (2000). Writing about the perceived benefits of traumatic events: Implications for physical health. *Personality and Social Psychology Bulletin, 26*, 220-230.

Kross, E., Ayduk, O., & Mischel, W. (2005). When asking 'Why' dosent hurt: Distinguishing reflective process of negative emotion from rumination. *Psychological Science, 16*, 709-715.

Lambert, M. (2007). Presidential address: What we have learned. *Psychotherapy Research, 17*(1), 1-14.

Langston, C. (1994). Capitalizing on and coping with daily-life events. Excessive responses to positive events. *Journal of Personality and Social Psychology, 67*(6), 1112-1125.

Lemay, E., Clark, M., & Feeney, B. (2007). Projection of responsiveness to need and the construction of satisfying command relationships. *Journal of Personality and Social Psychology, 92*, 834-853.

Maddux, J. (2008). Positive psychology and the illness ideology: Toward a positive clinical psychology. *Applied Psychology, 51*, 54-70.

Parks, A., & Biswas-Diener, R. (2013). Positive interventions: Past, present and future. In T. Kashdan, & J. Ciarrochi (Eds.), *Mindfulness, acceptance, and positive psychology: The seven foundations of well-being.* Oakland: Context Press.

Peeters, G., & Czapinski, J. (1990). Positive negative asymmetry in evaluation between effective and informational negative effects. *European Review of Social Psychology, 1*, 33-60.

Pennebaker, J. (1997). *Opening up: The healing power of expressing emotion.* New York: Guilford Press.

Pennebaker, J., & Evans, J. (2014). *Expressive writing: words that heal.* Enumclaw, WA: Idyll Arbor.

Peterson, C. (2006). *Primer in positive psychology.* New York: Oxford University Press.

Peterson, C., & Seligman, M. (2004). *Character strengths and virtues: A handbook and classification.* New York: Oxford University Press.

Pratto, F., & John, O. (1991). Automatic vigilance: The attention grabbing power of negative, social information. *Journal of Personality and Social Psychology, 61*, 380–391.

Radloff, L. (1977). The CES–D Scale. *Applied Psychological Measurement, 1*, 385–401.

Rashid, T., & Seligman, M. (2013). Positive psychotherapy. In D. Wedding, & R. Corsini (Eds.), *Current Psychotherapy.* Belmont: Cengage.

Rashid, T., & Seligman, M. (2018). *Positive psychotherapy: clinician manual.* New York: Oxford University Press.

Schwartz, B. (2004). *The paradox of choice: Why more is less.* New York: ECCO.

Schwartz, B., et al. (2002). Maximizing versus satisfying: Happiness is a matter of choice. *Journal of Personality and Social Psychology, 83*, 1178–1197.

Schwartz, B., & Sharpe, K. (2010). *Practical wisdom: The right way to do the right thing.* New York: Riverhead Books.

Seligman, M. (1991). *Learned optimism.* New York: Knopf.

Seligman, M. (2002). *Authentic happiness: Using the new positive psychology to realize your potential for lasting fulfillment.* New

York: Free Press.

Seligman, M. (2012). *Floucrish: A visionary new understanding of happiness and well-being.* New York: Simon & Schuster.

Seligman, M., Rashid, T., & Parks, A. (2006). Positive psychotherapy: *American psychologist, 61,* 714-788.

Seligman, M., Steen, T., Park, N., & Peterson, C. (2005). Positive psychology progress: Empirical validation of intervention. *American Psychologist, 60,* 410-421.

Shaffer, A. (2006). Meta-analysis of factor structures of four depression questionaries: Beck, CES-D, Hamilton and Jung. *Journal of Clinical Psychology, 62,* 123-146.

Sheridan, S., et al. (2004). Family centered positive psychology: Focusing on strength to build student success. *Psychology in the School, 4*(1), 7-17.

Sin, N., & Lyubomirsky, S. (2009). Enhancing well-being and alleviating depressive symptoms with positive psychology interventions: A proactive friendly meta-analysis. *Journal of Clinical Psychology, 65,* 467-487.

Snyder, C. (1994). *The Psychology of hope: You can get there from here.* New York: Press.

Spielberger, C., Goruch, R., Lushene, R., Vagg, P., & Jacobs, G. (1983). *Manual for the state-trait anxiety inventory(Form A).* Palo alto: Consulting Psychologists Press.

Suldo, S., & Shaffer, E. (2008). Looking beyond psychopathology: The dual factor model of mental health in youth. *School Psychology Review, 37*(1), 52-68.

Toepfer, S., & Walker, K. (2009). Letters of gratitude: Improving well-being writing. *Journal of Writing Research, 1*(3), 181-198.

Trampe, D., et al. (2015). Emotions in everyday life. *PLOS One, 10*(12), e145-450.

Wampold, B. (2007). Psychotherapy: The humanistic (and effective) treatment. *American Psychologist, 62*, 857-873.

Watkins, P., et al. (2008). Taking care of business? Grateful processing of unpleasant memories. *The Journal of Positive Psychology, 3*, 87-99.

Wood, A., & Joseph, S. (2010). The absence of positive psychological eudemomic well-being as a risk factor for depression: A ten years cohort study. *Journal of Affective Disorders, 122*(3), 213-217.

Wood, A., Tayler, P., & Joseph, S. (2010). Does me CES-D measure a continuum from depression to happiness? Comparing substantive and artiodactyla models. *Psychiatry Research, 177*, 120-123.

Worthington, E. (Ed.). (2005). *Handbook of forgiveness.* New York: Brunner-Routledge.

Worthington, E. (2006). *Forgiveness and reconciliation: Theory and application.* New York: Routledge.

[찾아보기]

인명

A

B

C

D

내용

[저자 소개]

이현수(HyunSoo Lee)

서울대학교 문리과대학 심리학과 졸업
서울대학교 대학원 심리학과 졸업
런던대학교 대학원 심리학과 졸업
국립정신병원 임상심리과장 역임
텍사스대학교 의과대학 정신의학 및 행동과학과 연구교수 역임
중앙대학교 문리과대학 교수 역임
현 중앙대학교 사회과학대학 심리학과 명예교수

〈저서〉
임상심리학(박영사, 1973, 1977, 1984, 1990, 1994, 2000, 2012)
이상행동의 심리학(대왕사, 1976, 1985, 1990, 1995, 2002, 2012)
한국판 아이젱크 성격검사(중앙적성출판사, 1985, 학지사, 1997, 2012)
성격과 행동(학지사, 2001)
긍정적 심리학(시그마프레스, 2008)
웃음: 영장류의 한 비밀(나노미디어, 2009)
역경 속의 성장(학지사, 2009)
근거중심의 정신병리학(하나의학사, 2016)
현대인의 중독심리(싸이앤북스, 2018)
사이코패스: 뿌리 없는 광란(학지사, 2019)
습관과 중독: 심리학적 재조명(박영스토리, 2019)

〈역서〉
마음의 병 신경증(H. J. Eysenck 저, 대왕사, 1979)
정신세계의 병리와 해부(V. Frankl 저, 양영각, 1983)
파블로프와 조건반사(J. Gray 저, 우성문화사, 1986)
제이콥슨 박사의 긴장이완법(E. Jacobson 저, 학지사, 1995)

성격강도에 기초한
긍정적 심리치료
Personality Strength based Positive Psychotherapy

2021년 5월 25일 1판 1쇄 인쇄
2021년 6월 1일 1판 1쇄 발행

지은이 • 이현수
펴낸이 • 김진환
펴낸곳 • (주) **학지사**

04031 서울특별시 마포구 양화로 15길 20 마인드월드빌딩
대표전화 • 02)330-5114 팩스 02)324-2345
등록번호 • 제313-2006-000265호

홈페이지 • http://www.hakjisa.co.kr
페이스북 • https://www.facebook.com/hakjisa

ISBN 978-89-997-2413-8 93180

정가 15,000원

출판 · 교육 · 미디어기업 **학지사**

간호보건의학출판 **학지사메디컬** www.hakjisamd.co.kr
심리검사연구소 **인싸이트** www.inpsyt.co.kr
학술논문서비스 **뉴논문** www.newnonmun.com
원격교육연수원 **카운피아** www.counpia.com